Luisa Tschabushnig
Patrizia Balocco

REISE DURCH

DEUTSCHLAND

STÜRTZ VERLAG WÜRZBURG

INHALT

Links *Ein Gewirr von Straßen führt in die romantische Altstadt von Heidelberg, wo sich Renaissancebauten, Museen und die berühmte Universität befinden.*
Rechts *Im Stadtbild von Heidelberg fallen besonders die Karl-Theodor-Brücke über den Neckar und die Heilig-Geist-Kirche ins Auge.*
S. 2/3 *Die beeindruckende Fassade des Alten Museums in Berlin, 1824–28 nach Entwürfen Schinkels erbaut, erinnert in ihrer Architektur an einen griechischen Tempel.*
S. 4/5 *Frankfurt/Main in nächtlicher Beleuchtung: historische Bauwerke und moderne Hochhäuser bilden ein harmonisches Ensemble aus Vergangenheit und Gegenwart.*

DAS WIEDERVEREINIGTE LAND

KLEINE HISTORISCHE LEKTION

Die einen kennen und lieben die alpenländische Landschaft, die anderen jene der Küste. Die Mittelgebirge sind ebenso im Gespräch wie die romantischen Flußtäler oder die fachwerkenen Städte, die düsteren Burgen und die prächtigen Schlösser.

Von den verschiedenen Varianten der Annäherung an Deutschland bedient sich vorliegender Band des Mediums Landschaft. Diese war und ist Nährboden für jene besonderen Charakteristika, die gemeinhin unter der Formel vom »deutschen Geist« zusammengefaßt werden. Und wenn sich *Kant* in seiner Abhandlung über das Erhabene auf die Rolle des Naturhaften bezieht, hat er mit Sicherheit das Bild seines Landes vor Augen gehabt.

Die von dieser Landschaft ausgehende faszinierende Kraft hat bereits die Phantasie der Ureinwohner beflügelt und eine Reihe von Sagen und Mythen entstehen lassen. In ihnen geht die Rede vom Kampf gegen die Mächte der Natur, aber auch von den Auseinandersetzungen der Stämme untereinander. Für das Unbegreifliche, der Anschauung und dem damaligen Denken Unfaßliche wurden Götter, Halbgötter und andere mythische Wesen verantwortlich gemacht. Sie kämpften mit zauberischen Mitteln, besaßen heilige Schwerter, bewegten sich inmitten verwunschener Wälder oder tranken aus heilenden Quellen. Mit *Wotan*, dem alles beherrschenden Gott, wurden auch die *Walküren* geboren, die jene Krieger auserwählten, denen es bestimmt war, in den Schlachten zu sterben... Diese Welt der Götter trägt die Züge der Landschaft, spiegelt deren einst so wildes und urtümliches Aussehen.

Solche Zusammenhänge muß man sich vergegenwärtigen, um DEUTSCHLAND und seine Menschen zu begreifen, um die innere Spannung, die dramatische Intensität, die romantische Berufung zu verstehen, die die übrige Welt seit jeher mit dem Namen dieses Landes verbindet. Sie sind auch der Schlüssel zum Verständnis des für unsere Nachbarn nicht selten widerspruchsvollen und konfliktreichen deutschen Charakters, der sich ebenso gern den zauberisch-schicksalshaften *Nornen* wie dem selbstherrlichen *Thor* überläßt...

Die ältesten Nachrichten über die germanischen Stämme verdankt man *Pytheas von Massilia*, der sich um die Mit-

Der Freistaat Bayern ist außergewöhnlich reich an herrlichen Gebäuden und prächtigen Residenzen.
S. 8/9 *Musik und Gemütlichkeit gehören untrennbar zum berühmten Oktoberfest in München.*
S. 10/11 *Eine weit ausholende Schleife der Mosel malt eine zauberhafte Landschaft (Rheinland-Pfalz).*
S. 12/13 *Das ungeheure Panorama der Bayerischen Alpen: schroffe Wände, steile Gipfel und jähe Felsabstürze (Blick auf Garmisch-Partenkirchen).*

te des 4. Jahrhunderts v. Chr. vom ATLANTIK bis zu den Meeren NORDEUROPAS wagte. Im 2. Jahrhundert v. Chr. verwendete *Julius Cäsar* in seinem Werk »De bello gallico« erstmals den Namen »Germanen« zur Bezeichnung derjenigen Völkerschaften, die jenseits des RHEINS siedelten.

Alemannen, Thüringer, Bayern, Sachsen und die anderen germanischen Stämme (aber auch *Slawen)*, welche sich an verschiedenen Orten des Landes niedergelassen hatten, erhielten mit der Festigung der fränkischen Herrschaft eine endgültige politische und territoriale Ordnung. Nach der Kaiserkrönung *Karls des Großen* zu Weihnachten des Jahres 800 in ROM vereinigte eine germanische Dynastie zum ersten Mal die gesamte abendländische Christenheit unter ihrem Zepter und herrschte zugleich über die glorreichste politische Institution aller Zeiten: das *Heilige Römische Reich Deutscher Nation*.

Die spätere Teilung des karolingischen Imperiums im Jahre 843 in zwei Reiche, das eine im Westen mit einer romanisierten, das andere im Osten mit einer germanischen Bevölkerung, stellte den Beginn der Geschichte DEUTSCHLANDS als eigenständiges politisches Wesen dar. Die Kaiserkrone ging auf die deutschen Herrscher über, und drei Jahrhunderte lang, von *Otto I.* bis zu *Friedrich II.*, hielten die sächsischen, fränkischen und schwäbischen Kaiser das komplexe feudale Gebäude des Reiches zusammen, indem sie im Inneren gegen Herzöge und geistliche Fürsten, im Äußeren gegen das Papsttum und die freien Stadtrepubliken ITALIENS kämpften.

In diese Zeit fällt auch die Missionierung des Ostens (also der Gebiete jenseits der ELBE) durch die mächtige Institution des *Deutschen Ordens,* der seinen eigenen Staat errichtete und die Kultur, das Bauwesen bis hin zu den östlichen Grenzen des Abendlandes prägte, aber auch die Völker seines Herrschaftsbereiches unterdrückte.

Mit dem Tode *Friedrichs II.* (1250) begann die kaiserliche Zentralgewalt schwächer zu werden. Die einzelnen Landesherren sowie die Städte gewannen an wirtschaftlichem, politischem und militärischem Einfluß. Letztere vor allem entwickelten – im Gegensatz zu der höfischen – eine eigene Kultur und setzten neue rechtliche und religiöse Maßstäbe.

Während der Regentschaft *Karls V.* initiierte *Martin Luther* gegen die Herrschaft des Papsttums die protestantische Reformation, die schnell Anhänger und Verteidiger fand und auch auf sozialem Gebiet auf Widerhall stieß. Verschiedene Fürsten nahmen sich der lutherischen Sache an, wobei sie sich dem Kaiser widersetzten, der sich zum Beschützer der katholischen Rechtgläubigkeit machte; erst der *Augsburger Religionsfriede* bereitete dem langjährigen und blutigen Konflikt ein Ende und bestätigte die Teilung des Reiches in zwei Konfessionen.

Das wiederum führte zur Verknüpfung des Glaubensstreits mit politischen Motiven und zu jenem langen Krieg, der dreißig Jahre dauern sollte und ganz EUROPA berühr-

Typisch bayerische Städtchen und kleine Dörfer liegen zu Füßen der Alpen.

16

te. Der *Westfälische Friede* (1648) beendete diesen verheerenden Konflikt, der Stadt und Land verwüstet und DEUTSCHLAND wirtschaftlich ausgeblutet und entvölkert hatte.

Daß dabei die kaiserliche Macht noch mehr geschwächt wurde, erwies sich als vorteilhaft für die einzelnen deutschen Staaten, die nun fast völlige Selbständigkeit erlangten. Unter ihnen traten allmählich BAYERN und besonders PREUSSEN – unter der Herrschaft König *Friedrichs II.* (1740—1786) – hervor. In wenigen Jahren baute er die militärische Stärke seines Reichs aus und verschaffte ihm so eine Stimme im Konzert der europäischen Mächte.

Nachdem die *Französische Revolution* und die Siege *Napoleons* dem *Heiligen Römischen Reich* ein Ende bereitet hatten (1806), war es PREUSSEN, das den Widerstand gegen *Napoleon* organisierte. Mit dem Sieg in der *Völkerschlacht* bei LEIPZIG (1813) wurde die französische Vorherrschaft beendet. Wenig später wurde auf dem *Wiener Kongreß* der *Deutsche Bund* gegründet (1815); er vereinte 38 Staaten, die allerdings ihre innere Selbständigkeit behielten. Bald zeigte sich immer stärker das Hegemoniestreben PREUSSENS. Unter dem Kanzler *Bismarck*, der den unbedenklichen Gebrauch von militärischer Gewalt mit diplomatischer Klugheit verband, verwirklichte PREUSSEN innerhalb weniger Jahre die deutsche Einheit. Das Kaiserreich wurde ausgerufen, und *Wilhelm I.* nahm den Kaisertitel an; so trat DEUTSCHLAND wieder auf die Bühne der großen internationalen Politik – und erlebte dazu einen spektakulären Wirtschaftsaufschwung (1871).

DEUTSCHLANDS militärische Stärke demonstrierende Außenpolitik, die in Konkurrenz zu den anderen Mächten geriet, mündete schließlich in die Katastrophe des *I. Weltkriegs.* Nachdem der Krieg verloren war, gewann bald der Revanchismus die Oberhand, dessen Forderungen schließlich die nationalsozialistische Partei *Adolf Hitlers* vollstreckte. Am Ende des *II. Weltkriegs* wurde das *Dritte Reich* zerschlagen und das Land von den alliierten Besatzungsmächten zerstückelt. Es entstanden zwei getrennte deutsche Staaten. Am 13. August 1961 schloß die DDR die Grenze zwischen OST- und WESTBERLIN; eine Mauer wurde errichtet, die der Flucht in den Westen ein Ende machen sollte und beide Teile der Stadt bis 1989 voneinander schied. Es schien, als hätte die Mauer sich im Bewußtsein der Menschen schon als etwas Unabänderliches eingegraben – als DEUTSCHLAND unerwartet begann, seine Geschichte selbst zu schreiben.

Der 3. Oktober, der Tag der deutschen Wiedervereinigung, wird nicht nur dem deutschen Volk, sondern auch der ganzen übrigen Welt unvergeßlich bleiben, die bei der Geburt eines neuen Zeitalters dabeisein durfte.

LEBENSADER, IDYLLE UND MYTHOS – DER RHEIN

Eine silberne Kette von Bergen erhebt sich über einem Tuch von Dunst, und ihr Umriß verliert sich in den grau-blauen Farbtönen des Himmels. Sanft senken sich die Abhänge der Hügel und lassen Raum für Rebflächen, während sich leuchtendgrüne Wiesen mit Teichen und Kornfeldern abwechseln. Hier und da verstreut, bilden die kleinen Marktflecken vielfarbige Tupfen.

Aus der rötlichen Schräge der Dächer steigen die schlanken Kirchtürme, die wie Schildwachen das Leben überblicken, das sich in den engen Gäßchen und auf den Marktplätzen, in den Schenken und Gärten abspielt.

Eisenbahn und Autobahn verlaufen in der Ferne, und weit weg am Horizont erstreckt sich der Wald. Auf dem Fluß gleiten schweigend schwere Lastkähne oder Passagierschiffe mit lustig-lärmenden Menschen vorüber.

Wir sind nicht etwa unversehens in ein Märchen der *Gebrüder Grimm* geraten, sondern befinden uns an den Ufern des RHEINS.

Das enge, unauflösliche Band zwischen Land und Wasser, die mythische und historische Bindung der Menschen zu diesem Fluß haben über Jahrhunderte hinweg die Idylle und den Mythos des RHEINS erschaffen. Das Wasser des Stroms, die Berge und Hügel ringsherum, die Landschaft, aus märchenhafter Ferne auftauchend, begleiteten immer die Geschichte des deutschen Volkes und ebenso seine Dichtung, Musik und Kultur.

Während SCHWARZWALD und JURA den RHEIN auf seinem malerischen Oberlauf wie einen Edelstein fassen, wird er später zu einem stattlichen und ruhig fließenden Strom. Vor allem dort, wo er das RHEINISCHE SCHIEFERGEBIRGE durchbricht, bietet sich ein Landschaftsbild von unvergleichlicher Schönheit.

Vom Zauber dieser Flußlandschaft wurden vor allem die deutschen Romantiker berührt. Nicht nur als »Garten der Natur« erlebten sie das RHEINTAL, sie erblickten in ihm auch ein nationales Denkmal und ein symbolisches Bollwerk der deutschen Geschichte.

Weniger als zweihundert Kilometer trennen MAINZ von KÖLN. Auf dieser Strecke finden sich mehr als sechshundert Burgen sowie ungezählte Kirchen. Römische Ruinen und mittelalterliche Rittersitze, prunkvolle Barockbauten und romantische Schlösser bezeugen die überragende Rolle, die jene rheinische Landschaft für die europäische Politik und Kultur gespielt hat. Sie ist auch Handlungsort für wichtige Passagen des »Nibelungenliedes« – eines am Beginn der deutschen Literatur stehenden Heldengedichtes – mit stolzen, schönen Frauen wie *Kriemhild* und *Brunhild* und heldischen Männern wie dem alles überragenden *Siegfried*.

MAINZ ist eine Großstadt mit reicher Geschichte. Im Schatten des Doms, eines großartigen romanischen Bauwerkes, finden sich Denkmäler, Museen und eine angesehene Universität, die nach dem berühmtesten Sohn der Stadt, *Johannes Gutenberg*, benannt ist. Nicht weit von dieser Stadt, die so viele wichtige Zeugnisse der deutschen Kultur besitzt, stehen in INGELHEIM die Überreste des kaiserlichen Palastes von *Ludwig dem Frommen*. Auch er hatte schon die hinreißende Schönheit dieser Landschaft bewundert. Als er einst auf dem Balkon seines Palastes stand und sah, wie früh hier der Schnee schmolz, beschloß er, den Weinbau wieder einzuführen, den schon die *Römer* in die-

Die bayerischen Schlösser mit ihrer phantastischen Architektur und ihrem romantischen Erscheinungsbild gehören zu den faszinierendsten Sehenswürdigkeiten dieser Region.

sem Tal betrieben hatten. Seither sind die Weinberge das Wahrzeichen jener Landschaft, die sich von MAINZ bis KÖLN erstreckt, geblieben. Es ist bezeichnend, daß sich ein Städtchen nahe bei KOBLENZ (nach den unendlichen Rebflächen, die es umgeben) BACHARACH nennt – »Altar des Bacchus«.

An solchen zauberhaften Orten wie im Tal des RHEINS wuchsen natürlich auch die Legenden. Sie ranken sich um alte Schlösser, aber auch um herausragende landschaftliche Höhepunkte. So im Falle jenes Felsens nahe ST. GOAR, auf dem eine schöne Zauberin namens *Loreley* die vorbeifahrenden Schiffer durch ihren Gesang betört haben soll.

Die Stelle, an der RHEIN und MOSEL zusammenflie-ßen, wird *Deutsches Eck* genannt. Hier, wo die Natur die Landschaft mit fast lyrischen Zügen malt, liegt stolz und majestätisch die Stadt KOBLENZ. Im Altertum hieß sie (auf Grund ihrer Lage) CONFLUENTIA, und sie bezeugt heute, als Residenz der Erzbischöfe von TRIER, mit Denk-mälern von hohem künstlerischem Rang ihre große Ver-gangenheit. In prächtigen Bauwerken erschließt sich uns die rheinische Romanik, ein Stil, der hier seine unverwech-

selbare Ausprägung erhielt: in *St. Castor, St. Florin* und der *Liebfrauenkirche*.

Auch der Lauf der MOSEL birgt zauberhafte Winkel. In ihrem Tal findet sich eine der ältesten deutschen Städte, TRIER. Welche bedeutsame Rolle sie seit der römischen Kolonisation gespielt hat, bezeugt die berühmte *Porta Nigra*, das größte erhaltene Stadttor aus römischer Zeit.

Von diesem Abstecher zurückkehrend und die Fahrt den RHEIN hinab fortsetzend, bemerken wir, daß die Na-tur plötzlich ein anderes Bild bietet. Die Landschaft öffnet sich und wird flacher. Die phantastischen Felsen und die weinbedeckten Hügel verschwinden, und an ihre Stelle tre-ten ausgedehnte Weideflächen.

BONN ist eine heitere Stadt, mit schönen Anlagen und Straßen, flankiert von klassizistischen Gebäuden, kleinen Läden und hervorragenden Konditoreien für tausend süße Sünden. Solch freundliche und gemütliche Atmosphäre lädt zum Verweilen ein. Vom modernen Aussehen der Stadt, die sich am linken Ufer des RHEINS gewaltig ent-wickelt hat, darf man sich aber nicht täuschen lassen: BONN besitzt einen alten Kern, der ins 16. Jahrhundert zurückreicht, als es die Hauptstadt des Erzbischofs von KÖLN wurde (was es bis zum Ende des 18. Jahrhunderts blieb). Die (Noch-)Bundeshauptstadt beging 1989 ihre 2000-Jahr-Feier. Höhepunkt der alten baulichen Hinter-lassenschaften ist das Münster *St. Martin* in rein romanischem Stil, das über einem römischen Friedhof des 3. Jahrhun-derts errichtet wurde. Am nördlichen Rand der Stadt befin-det sich die Bonngasse, wo am 17. Dezember 1770 *Ludwig van Beethoven* zur Welt kam. Das Geburtshaus des Kompo-nisten ist heute ein Museum.

Das musikalische Leben in DEUTSCHLAND ist aber nicht nur hier, sondern allerorten besonders ausgeprägt und rege. Es gibt keine Stadt, von den großen Zentren bis hin zu den Provinzstädten, die nicht wenigstens einen Kon-zertsaal besitzt, wenn nicht gar eine Oper. Die Staatsopern von BERLIN, HAMBURG, KÖLN, MÜNCHEN und STUTTGART, die mit der fortgeschrittensten akustischen Technik ausgestattet sind, führen Werke des traditionellen wie des modernen Musiktheaters auf. Außerdem gibt es ein reiches Angebot international bekannter und renommier-ter Orchester und Chöre: die *Berliner* und *Bamberger Symphoniker*, das *Leipziger Gewandhausorchester* und der *Thomanerchor* sowie der *Kreuzchor* in DRESDEN sind weltweit bekannt...

Die Ufer des RHEINS werden immer flacher, und dann taucht KÖLN in all seinem Glanz auf: der großartige Mittelpunkt des RHEINLANDES, seit zweitausend Jahren das Tor des großen Stroms.

Die Stadt besitzt einen sehr alten Kern. Die histori-schen Straßenzüge mit ihren charakteristischen Bauten zitieren die Römerzeit und das Mittelalter sowie die Renais-sance und das Barock. Die zahlreichen Kirchtürme, die sich gegen den Himmel abzeichnen, stehen in einem bemer-kenswerten Kontrast zu den modernen Hochhäusern.

Nach seiner großen Zeit unter den *Römern*, als es Hauptstadt der Provinz GERMANIA INFERIOR war, er-warb sich KÖLN im Mittelalter den Ruhm einer »Heiligen

<u>Oben</u> *Die schneeweißen Mauern von Schloß Glücksburg (bei Flensburg) spiegeln sich märchenhaft im nahen See.*
<u>Unten</u> *Grün umrahmt erhebt sich die Abtei Ettal inmitten der bayerischen Landschaft.*

Stadt«. Das geistige Leben wurde von dem berühmten Theologen *Albertus Magnus* bestimmt, dem Lehrer des *Thomas von Aquin*. Es entstanden Klöster und Kirchen, unter ihnen der *Dom*, ein einzigartiges gotisches Bauwerk, das die ganze Stadt beherrscht.

Die Fröhlichkeit der Kölner äußert sich am lebhaftesten im *Karneval*, der offiziell am 11. 11. um 11.11 Uhr ausgerufen wird. Er erreicht dann seinen Höhepunkt Ende Januar, mit der Wahl des Prinzenpaares, und in der Faschingswoche, wenn ein Ball und Umzug auf den anderen folgt.

Eine ähnliche Lebensfreude, verbunden mit avantgardistischem Geist, zeichnet DÜSSELDORF aus, eines der wichtigsten Zentren des RHEIN-RUHR-GEBIETES und mit einem bedeutenden Flußhafen. Die Stadt besitzt starke ökonomische und finanzielle Anziehungskraft für das RHEINLAND und darüber hinaus für die ganze Nation. Im Krieg schwer betroffen, ist DÜSSELDORF im Rahmen einer großzügigen Stadtplanung neu erstanden und hat sich in eine zukunftsorientierte und glänzende Metropole verwandelt, die den Blick auf AMERIKA richtet und alle Züge des neuen EUROPA in sich vereint.

Nicht weit von der RHEINEBENE entfernt, am Ufer des NECKAR (auch er ein Fluß, an dem das Herz der *Deutschen* hängt), liegt HEIDELBERG vor einem reizvollen Hintergrund bewaldeter Berge. Die Stadt zeigt sich in all ihrer Schönheit mit dem unvergleichlichen Bild der *Schloß-ruine*. Touristen aus aller Welt kommen hierher, um auf den Spuren der deutschen Romantik zu wandeln und, nach ihrer Rückkehr, mit den Worten des weitbekannten Liedes zu bestätigen: »Ich hab' mein Herz in Heidelberg verloren...«

DURCH NIEDERSACHSEN AN DIE NORDSEEKÜSTE

Ganz anders als das RHEINLAND präsentiert sich das Land NIEDERSACHSEN. Die Atmosphäre und das Licht lassen kalte, weit entfernte Länder ahnen. Hinter den bizarren Höhen des HARZES beginnen die weiten Ebenen des Nordens.

Obwohl durch den *Zweiten Weltkrieg* das historische Erbe vieler Städte schmerzlich betroffen wurde, haben doch zahlreiche Bauwerke von großer Bedeutung und Schönheit widerstanden. In den Innenstädten, die nach modernen Plänen wiederaufgebaut wurden, bilden sie unerwartete Oasen der Kunst und Geschichte. So etwa in HANNOVER, wo alte, schmale Fachwerkhäuser gotische Bauwerke umkränzen. Besonders die *Marktkirche* und das *Alte Rathaus* bezeugen mit ihren herrlichen Ziegelfassaden, an denen die Zeit spurlos vorübergegangen ist, das ausgeprägte Stilgefühl der norddeutschen Baumeister. Der Philosoph

Trotz der Luftangriffe im Zweiten Weltkrieg hat Rothenburg ob der Tauber sein altes Stadtbild bewahren können – mit Befestigungsanlagen und Türmen, die auf das 14. Jahrhundert zurückgehen, Toren aus dem 16. Jahrhundert und vielen gotischen Gebäuden.

Leibniz, der in der zweiten Hälfte des 17. Jahrhunderts in HANNOVER lebte, beschrieb diese Stadt als das lebendigste geistige und künstlerische Zentrum DEUTSCHLANDS. In der selben Epoche beschloß *Prinzessin Sophie von Hannover*, sich einen Garten und ein Schloß von einzigartiger Schönheit anlegen zu lassen: HERRENHAUSEN.

Wenn wir dem Lauf der WESER folgen, empfängt uns BREMEN mit großer Historie und viel Industrie. Die Stadt besitzt DEUTSCHLANDS zweitgrößten Hafen, einen Umschlagplatz von außerordentlicher Bedeutung. Die rege Aktivität, die das Leben dieser Stadt (deren Gründung auf *Karl den Großen* zurückgeht) kennzeichnet, verdankt sie einer äußerst dichten Konzentration von Industrie.

Man muß nur den Marktplatz betreten, um den Eindruck zu gewinnen, man wäre soeben einer Zeitmaschine entstiegen. Vor unseren Augen öffnet sich ein herrlicher Bilderbogen von Gebäuden, der im mächtigen gotischen Bauwerk des *Doms* gipfelt. Unter den stilvollen Palästen fällt die Fassade des *Rathauses* ins Auge, das in ganz Deutschland berühmt ist und als Hauptwerk der *Weserrenaissance* gilt.

Eine der vielen Sehenswürdigkeiten der *Bremer Altstadt* ist die fast sechs Meter hohe *Rolandssäule*, das Standbild eines Ritters mit bloßem Schwert. Wie in anderen norddeutschen Kommunen auch, gilt es als mittelalterliches Symbol der städtischen Rechte und Freiheiten. Eine andere Figurengruppe ist viel jüngeren Datums: Dem *Rathaus* gegenüber stehen die *Bremer Stadtmusikanten*, eine Tiergruppe aus Esel, Katze, Hund und Hahn, die in einem bekannten Märchen der *Gebrüder Grimm* durch ihre »Musik« eine ganze Räuberbande in die Flucht treiben.

Grau, Blau und Grün sind die Farben, die in dieser Landschaft überwiegen und die auch für deren Städte kennzeichnend sind. In HAMBURG mischt sich das Grau des Nebels mit den Konturen der Häuser und Bauwerke, während das Blau des Hafens und der ALSTER bis ins Innere der Stadt vordringt. Grün ist überall: auf den Wiesen, in den Alleen und in den zahlreichen Parks. Grellbunt dominiert auf der Reeperbahn im Amüsierviertel St. Pauli.

Im Jahr 1189 hatte *Friedrich Barbarossa* der Stadt wichtige Privilegien verliehen; seither spielte sie immer eine führende Rolle im mächtigen Bund der Nordseestädte. Als Mitglied der *Hanse* konnte HAMBURG seine Vorherrschaft im überseeischen Handel festigen und wurde zum Hauptumschlagplatz für Weizen, Bier und viele andere Produkte zwischen den Staaten der OSTSEE und WESTEUROPA.

Im *Zweiten Weltkrieg* wurden die Hafenanlagen zu 90 Prozent zerstört; aber der Wiederaufbau ist, dank dem Unternehmungsgeist und Temperament der Einwohner, die in vieler Hinsicht schon den *Angelsachsen* ähneln, längst erfolgreich abgeschlossen. Die Aktivität und der kosmopolitische Zuschnitt, die HAMBURG als Seestadt auszeichnen, bilden die Grundlage für seinen Wohlstand und seinen dynamischen Lebensstil.

Die alten Kirchen, unter denen sich der hohe Glockenturm von *Sankt Michael* (»Michel« im Volksmund) heraushebt, die eleganten Gebäude vom Barock über den Jugendstil bis hin zur Modernität des *Chilehauses* – sie alle bezeugen das große Talent der Hamburger für Architektur und Städtebau. Die immer neuen Lösungen fügen sich zumeist harmonisch in die Gesamtanlage dieser großen Stadt ein.

Für die Freizeit bietet HAMBURG seinen Bewohnern eine große Auswahl von Grünanlagen. *»Planten un Blomen«* zum Beispiel ist ein großzügiger botanischer Garten, der auf dem Gelände der alten Stadtbefestigung angelegt worden ist.

Nördlich von HAMBURG, dort wo die Wellen schon fast die dänische Küste umspülen, findet sich die Gruppe der NORDFRIESISCHEN INSELN; die schönste von ihnen, wie viele meinen, ist SYLT. Das unverdorbene und wilde Paradies wurde einst von reichen Bürgern aus BERLIN und HAMBURG entdeckt, die die alten Hütten der friesischen Fischer neu herrichteten und zu eleganten Sommerfrischen umbauten.

Die hellen und feinen Sandstrände, die sich kilometerweit erstrecken, sind oft ganz leer. Nur ein paar einsame Reiter traben durch die Brandung der Wellen, und Gruppen von nackten Sonnenanbetern genießen die wärmsten Stunden des Tages, während ein tollkühner Schwimmer sich ins eiskalte Wasser wirft.

Das Herrlichste an der Insel sind die Ausflüge, zu Fuß oder mit dem Rad, ohne Ziel, bei denen man immer wieder auf verborgene Wunder stößt. Dabei erinnert man sich jener Passage in den *»Buddenbrooks«*, wo *Thomas Mann* die kraftvolle Schönheit dieser Landschaft beschreibt: »Zuweilen schoß eine Möwe pfeilschnell über das Meer und ließ ihren Schrei hören. Sie betrachteten die grünen Wände der Wellen, durchzogen von Algen, die drohend herannahten und sich auf dem schrägen Felsen brachen... mit dem wahnsinnigen, ewigen Lärm, der benommen macht, verstummen läßt und den Sinn für die Zeit auslöscht.«

Unsere Reise durch SCHLESWIG-HOLSTEIN, das nördlichste deutsche Bundesland, führt weiter. TRAVEMÜNDE, heute ein allgemein beliebter Badeort, war früher ein eleganter Treffpunkt des Adels und der wohlhabenden Bürger; *Thomas Mann* läßt dort einige Szenen seines schon erwähnten Romans spielen. Vor einem Jahrhundert vergnügte sich hier die Aristokratie mit Baden und Glücksspiel; heute ist es schwer, zwischen den Badegästen und durchreisenden Touristen noch die Atmosphäre zu finden, in der *Toni Buddenbrook* sorglos ihre Ferien verbracht hat.

Das Blau des Meeres und des Flusses, das Weiß der Segel, die Gesichter der Kaufleute, Matrosen und legendären Kapitäne, die Lagerhäuser und Kais, die voll von Waren sind – das ist eines der zahlreichen Bilder von LÜBECK, der Perle der Hansestädte. LÜBECK wurde vor tausend Jahren auf einer Insel in der TRAVE, wenige Kilometer vor deren Mündung in die OSTSEE, gegründet; nach einigen

Oben *Spitze Türme überragen die Dächer der alten fränkischen Bischofsstadt Bamberg.*
Mitte *Die Kirche und das Kloster von Malchow liegen am Ufer des gleichnamigen Sees, der zur Mecklenburger Seenplatte gehört.*
Unten *Die Landschaft an der Mosel prägen grüne Weinberge, alte Kirchtürme und herrliche Burgen.*

Jahrhunderten wurde es die blühendste Stadt der *Hanse*, die den Handelsverkehr in ganz NORDEUROPA beherrschte.

Noch heute kann man die typischen Backsteinhäuser mit ihren Treppengiebeln sehen, deren Dachböden und Lagerräume einst die Waren beherbergten. Fast alle dieser Gebäude weisen dieselbe architektonische Eigenheit auf: Sie reichen, infolge einer strengen städtischen Verordnung, die die Größe zur Straße hin begrenzte, weit nach hinten, ins Innere der Höfe. Die Innenstadt von LÜBECK wurde 1987 von der UNESCO zum »kulturellen Erbe der Menschheit« erklärt; heute wird überall eifrig restauriert, so daß Hunderte von Gebäuden bald ihren alten Glanz zurückerhalten werden.

Als Erinnerung an die mittelalterliche Welt der Lagerhallen haben sich die alten Salzspeicher erhalten, die gleich

Passau, eine der schönsten Städte Bayerns, liegt am Zusammenfluß von Inn und Ilz mit der Donau.

neben dem *Holstentor*, dem berühmten Sinnbild der Stadt, liegen.

LÜBECK wird auch die »Stadt der sieben Türme« genannt: So viele spitze Kirchtürme aus Backstein schmücken nämlich seinen Himmel. Darunter die *Marienkirche*, in der Thomas Mann getauft wurde. Das Buddenbrookhaus (wo heute eine Bank ihren Sitz hat) gehörte dem Großvater des Schriftstellers; er wählte es zum literarischen Schauplatz für sein berühmtes Buch.

Eine Fassade aus dem 16. Jahrhundert zieht unsere Aufmerksamkeit auf sich: Das *Haus der Schiffergesellschaft* ist eines der prächtigsten historischen Gebäude von LÜBECK. Es beherbergt heute das bekannteste Restaurant der Stadt.

KIEL ist die Hauptstadt von SCHLESWIG-HOLSTEIN, Sitz wichtiger Behörden und einer *Universität*. Hier ist der skandinavische Einschlag schon recht ausgeprägt. Die Stadt liegt inmitten einer herrlichen Umgebung, reich an Seen, Bächen und Teichen – wie ein naives Gemälde. Hier findet man auf dem Land viele alte Bauernhäuser mit Reetdächern. Die große Windmühle von GREBIN und der Aussichtsturm in HESSENSTEIN gehören zu den Wahrzeichen dieses stillen Paradieses.

In dieser Gegend, die das »Fünfseenland« heißt, liegen der *Gutshof Rixdorf*, eine unversehrt erhaltene Anlage des 17. Jahrhunderts, und zahlreiche andere adlige Landsitze, auf denen im Sommer häufig Konzerte stattfinden.

ENTDECKERFREUDE UNTER ALTEN ALLEEN

Stellen Sie sich ein Eiland vor, das von uralten Bäumen bestanden ist, unter denen einst der slawische Gott *Svantevit* sein Heiligtum hatte; das schönste Sandstrände birgt und malerische Dörfer und Städtchen und dazu das unvergleichliche Naturdenkmal steil und tief in die OSTSEE abfallender Kreidefelsen: Die Insel RÜGEN. Für die Menschen aus dem Osten DEUTSCHLANDS schon lange der Urlaubstip, wird RÜGEN nun zunehmend von ganz DEUTSCHLAND entdeckt.

Tatsächlich erleben die Badeorte (u. a. RERIK, KÜHLUNGSBORN, PREROW oder HERINGSDORF) des neuen Bundeslandes MECKLENBURG-VORPOMMERN ebenso eine Wiedergeburt wie die an Historie und alter Bausubstanz so reichen Küstenstädte. ROSTOCK glänzt mit schönen alten Toren, Kirchen und Klöstern sowie Patrizierhäusern, STRALSUNDS Marktplatz mit dem *Rathaus* und der *Nikolaikirche* ist nur ein Höhepunkt der beeindruckenden, freilich auch in ihrer Substanz gefährdeten Altstadt, der GREIFSWALDS Sehenswürdigkeiten kaum nachstehen.

Die historischen Gebäude dieser Landschaft (und weit ins Binnenländische hinein) zeigen stolz das glänzende Rot ihrer gotischen Backsteinfassaden. Dazu das grüne Netzwerk jener vielgerühmten mecklenburgischen Alleen, die von uralten Bäumen gesäumt, aber auch eingeengt werden. Die schönsten Kontraste bieten sich zur Rapsblüte, wenn das Gelb noch hinzukommt und ein trunkenes Farbenmeer brandet.

Nicht selten wird man hier mit der Frühgeschichte konfrontiert, kann man mächtige *Hünengräber* bestaunen. MECKLENBURG-VORPOMMERN ist ein Urlaubsland, wie man es sich nur wünschen kann. Verträumte Seen garantieren Badefreuden nach Maß, Kirchen und Klöster wie die legendäre *Ruine Eldena* oder der *Güstrower Dom* sowie prächtige Schlösser und Parks wie in SCHWERIN (der neuen Landeshauptstadt), GÜSTROW, PUTBUS oder NEUSTRELITZ überraschen auch verwöhnte Kunstfreunde. Der Entdeckerfreude sind hierzulande Tür und Tor geöffnet...

ANHALTINISCHES INTERMEZZO UND SÄCHSISCHES HAUPTSTÜCK

Man nehme ein Stück des thüringischen Nordens, vergesse auch zwei ehemals braunschweigische Enklaven nicht und füge diese dem Lande ANHALT und der sogenannten PROVINZ SACHSEN hinzu. So geschehen 1947 mit dem Ergebnis des neuen Landes SACHSEN-ANHALT. Das gab es allerdings nur fünf Jahre, ehe es in die Bezirke HALLE und MAGDEBURG aufgeteilt wurde.

Mit diesen beiden Städten sind bereits die urbanen Maßstäbe, was Ausdehnung und Einwohnerzahl betrifft, gesetzt. HALLE steht für ein riesiges Industriegebiet mit großen, aber auch alten Anlagen der Chemie und dadurch bedingte alarmierende Umweltgefährdung. Die Emissionen dieser Fabriken haben nicht nur die Atmosphäre, sondern auch – zu Unrecht – den Ruf dieser Stadt und ihrer Umgebung getrübt. Immerhin zählte sie einst, mitten im Salzbogen der SAALE gelegen, zu den reichsten frühen deutschen Siedlungen. Die *Universität* war über die deutschen Lande hinaus berühmt; *Georg Friedrich Händel*, der hier das Licht der Welt erblickte, ist es bis heute geblieben. Die malerische Ruine der *Burg Giebichenstein* zog einst die Literaten und Philosophen der deutschen Romantik an, und die *Staatliche Galerie Moritzburg* beherbergt Kunstwerke von erlesenem Rang und vor allem eine großartige *Expressionismussammlung*.

Die an der ELBE gelegene alte Bischofsstadt MAGDEBURG, deren Recht im Mittelalter bis BRESLAU, KRAKAU und WILNA galt, wurde – wie alle Industriestandorte hierzulande – gegen Ende des *II. Weltkrieges* noch stark zerstört. Der *Dom* mit dem legendären Reiterstandbild und dem Grab *Ottos I.* hat sein Gegenstück in der ehemaligen *Klosterkirche Unser Lieben Frauen*. Historische Städte wie HALBERSTADT und QUEDLINBURG oder Klosterrui-

nen wie MEMLEBEN halten die Erinnerung an die großen sächsischen Kaiser wach, die einst die Grenze des Reiches von der SAALE nach Osten verlegten. Den Kunstfreunden aus aller Welt sind die legendären Stifterfiguren des *Naumburger Doms* ein Begriff; den Liebhabern bizarrer, teils unberührter Naturlandschaften der HARZ, der seinen felsigen Leib zwischen SACHSEN-ANHALT und NIEDERSACHSEN schiebt und alle Chancen hat, das deutsche mittelgebirgische Skigebiet zu werden.

SACHSEN war das Kernland der *Reformation*. Der Protestantismus leitet sich von WITTENBERG und jener Kirchentür her, an der *Luther* am 31. Oktober 1517 seine 95 Thesen anschlug. Der evangelische Geist hat die Entwicklung des politischen und wirtschaftlichen Lebens nachhaltig beeinflußt. Nach dem schrecklichen Rückschlag des *Dreißigjährigen Krieges* erlebten zahlreiche Städte eine Zeit der Blüte, die auch das Gedeihen von Literatur und Kunst förderte. In den fast vierzig Jahren seiner Regierung verwandelte *August der Starke* DRESDEN, die Residenz der

<u>Oben</u> *Zahlreiche Flüsse beleben die heitere Schönheit der deutschen Landschaft.*
<u>Unten</u> *Rügens Steilküste in leuchtendem Weiß bietet einen unvergeßlichen Anblick.*
<u>Rechts</u> *Die »Sächsische Schweiz« mit ihrem Labyrinth aus bizarren Sandsteinfelsen ist eine der schönsten deutschen Kleinlandschaften. Hier der Blick auf die Basteibrücke und den Lilienstein.*

sächsischen Kurfürsten, in die schönste deutsche Stadt der ersten Hälfte des 18. Jahrhunderts. Die Liebe dieses Fürsten zum Schönen und zur Kunst war es vor allem, die DRESDEN den Beinamen eines »Elbflorenz« einbrachte. *August der Starke* verpflichtete deutsche und ausländische Architekten, und in diesen Jahren wurden einige bedeutende Bauwerke vollendet, die auch heute noch das einzigartige Erbe der Stadt bilden – wenn sich auch die schönsten Bilder von DRESDEN nur in den dunstigen und verschwommenen Tönen von Gemälden aus dem 18. Jahrhundert erhalten haben: 1945 wurde die Stadt bei einem verheerenden Luftangriff anglo-amerikanischer Bomber dem Erdboden gleichgemacht.

Das ungeheure Werk des Wiederaufbaus hat ein Wunder vollbracht; obwohl nichts als ein Trümmerfeld übrig war, entstand die Stadt in großem Stil von neuem.

Der prunkvolle *Zwinger* ist im Originalzustand seines verspielten Rokoko wiederhergestellt. 1985 fand die Neueröffnung des *Opernhauses* statt, das auf den schönen *Theaterplatz* blickt, Zentrum des musikalischen Lebens der Stadt. Auch die *Frauenkirche,* jahrzehntelang eine Ruine, wird wieder aufgebaut.

Das *Albertinum* beherbergt eine der reichsten europäischen Kunstsammlungen. Der kostbarste aller Schätze jedoch ist *Raffaels* Sixtinische Madonna, ausgestellt in der Gemäldegalerie Alte Meister.

Elbaufwärts schließt sich die SÄCHSISCHE SCHWEIZ an, eine lichterfüllte Berglandschaft, die die *Sachsen* sehr lieben. Die ELBE und ihre kleinen Nebenflüsse haben den Sandstein ausgewaschen und bizarre Spitzen, Felstürme, Spalten, Vorsprünge und Grotten geschaffen. Schon vor mehr als hundert Jahren entstanden hier Wander- und Kletterpfade mit Markierungen und Geländern, so daß man heute bis zu den zauberhaften Anhöhen des KÖNIGSTEINS und der BASTEI hinaufsteigen und von dort einen überwältigenden Ausblick genießen kann.

LEIPZIG gilt als großes Industrie- und Messezentrum, aber auch als berühmte Kulturstadt. Die altehrwürdige *Universität* zählte unter anderem *Nietzsche* und *Lessing* zu ihren Studenten und bekannte Professoren wie *Leibniz* und *Thomasius* zu den Lehrern. Für *Goethe* war die Stadt »ein klein Paris«; in der Gaststätte »Auerbachs Keller« ließ er eine Passage seines »Faust« spielen. Vor allem durch das langjährige Wirken von *Johann Sebastian Bach* und *Felix Mendelssohn-Bartholdy* erwarb sich LEIPZIG auch als Musikstadt höchste Meriten. Das *Gewandhausorchester* und der *Thomanerchor* halten diese große Tradition noch heute wach. Auch »Stadt des Buches« darf sich LEIPZIG nennen. Viele große deutsche Verlage hatten und haben wieder (nach der von hier ausgehenden machtvollen Demonstration gegen das alte Regime) ihren Platz…

An welchem Ort der Welt feiert man heute das an altem Brauchtum reichste Weihnachtsfest? Im ERZGEBIRGE natürlich, dem Land des Spielzeugs. In dem Dorf SEIFFEN erfand ein Drechsler namens *Füchner* den Nußknakker, den beliebten kleinen Soldaten oder Bergmann aus Holz, der seit Jahrhunderten von den sächsischen Handwerkern von Hand gedrechselt und bemalt wird. Zusammen mit dem Nußknacker kann man in ganz DEUTSCHLAND die Weihnachtspyramiden finden, die mit pausbäckigen Engeln, Menschen und Tieren geschmückt sind.

Die sächsische Geschichte ist alt und voller Höhepunkte, aber auch Niederungen. Wer von dem germanischen Sachsenstamm spricht, hat dessen Siedlungsgebiet im Westen SCHLESWIG-HOLSTEINS zu suchen. Auch die großen sächsischen Könige des Deutschen Reiches kamen nicht von der ELBE. Erst mit *Friedrich dem Streitbaren,* Landgraf zu Thüringen und Markgraf zu Meißen, gab es ein politisches Gebilde (beiderseits der ELBE und ab WITTENBERG den Fluß hinab) namens SACHSEN (1425). Die große Zeit dieses Landes war zweifellos unter *August dem Starken,* der – dank des Gold- und Silberreichtums des

<u>Oben</u> *Das Goethe-Haus in Weimar ist Anziehungspunkt für Besucher aus aller Welt.*
<u>Unten</u> *Die majestätische Burg der Fürsten von Fürstenberg thront stolz über der Donau.*

26

ERZGEBIRGES — DRESDEN zu einer der schönsten Städte des Kontinents ausbauen ließ.

Wer durch DEUTSCHLAND reist und nicht genau weiß, wo SACHSEN beginnt und wo es endet, braucht sich nicht zu sorgen: Die Leute verraten sich durch ihren unverwechselbaren Dialekt, der die Worte eigenartig dehnt und besonders den Vokalen Gewalt antut…

DEUTSCHLANDS ALTE, NEUE HAUPTSTADT NEBST BRANDENBURGISCHER UMGEBUNG

Im Unterschied zu den *Sachsen* halten es die *Berliner* sprachlich mehr mit der Kürze. Auch sie sind einmalig in ihrer Mundart und auch sonst von einem äußerst originellen Gepräge. Wenn man BERLIN verläßt, bleibt das Gefühl zurück, eine Kommune kennengelernt zu haben, die in der Welt einmalig ist. Zwar hat jede Stadt ihren besonderen Charakter, aber BERLIN besitzt wirkliche Einzigartigkeit. Und sie steht für das Wunder der deutschen Wiedervereinigung, an das niemand mehr glaubte und das über Nacht kam und ganz plötzlich aus der geteilten Stadt wieder eine einzige machte – freilich mit den Narben und Problemen der Vergangenheit, die zu heilen es noch großer Anstrengungen und längerer Zeiträume bedarf. Erst dann wird die alte, neue Hauptstadt DEUTSCHLANDS Vergangenheit und Zukunft ausbalancieren können…

Wie gesagt: Wer BERLIN besucht hat, vergißt es nicht: Verborgene Winkel, Gebäude und Hinterhöfe vermitteln den Eindruck, als würden gleich *Marlene Dietrich* auftauchen oder *Bertolt Brecht* mit seiner Zigarre.

1949 wurde in der Rotunde des Großen Sterns, im Herzen des *Tiergartens*, eines riesigen Parks aus dem 18. Jahrhundert, der im Krieg vollständig zerstört worden war, eine Linde gepflanzt – Symbol für die Rückkehr des Lebens in die Stadt und den Beginn des Wiederaufbaus. Gerade eine Linde eignet sich dafür; denn Linden sind der grüne Faden, der quer durch BERLIN führt. Die Straße »Unter den Linden« wurde 1647 entworfen, und 1737 machte der preußische König daraus ein städtebauliches Juwel. Der Wiederaufbau nach dem Krieg hat diese schönste Straße BERLINS in ihrem alten Glanz neu erstehen lassen. Die gigantische Promenade ist sechzig Meter breit und setzt sich über das *Brandenburger Tor* hinaus noch kilometerweit fort. Wenn man sich die Autos hinweg denkt, kann man auch heute noch in der Phantasie das Hin und Her der Kutschen und den beschaulichen Spaziergang der Damen in Begleitung schnauzbärtiger Offiziere nachvollziehen.

Die moderne Antwort auf dieses Denkmal nüchterner Eleganz und preußischer Größe stellt der *Kurfürstendamm* dar, die wichtigste Straße BERLINS und der Mittelpunkt des wirtschaftlichen Lebens der Metropole. Die berühmtesten Hotels, die Theater, die Kinos, die großen Kaufhäuser,

<u>Oben</u> *Schloß Meersburg ist eines der schönsten Bauwerke, die die Gegend um den Bodensee schmücken.*
<u>Unten</u> *Die Reiterstatue Wilhelms I. wacht über die Kaiserpfalz in Goslar.*

die modischen Lokale, die extravaganten Boutiquen haben alle ihren Sitz an dieser Hauptschlagader des Verkehrs, wo das Leben zu jeder Stunde des Tages und der Nacht hektisch pulsiert.

Ein weiterer zentraler Knotenpunkt des städtischen Verkehrs ist der *Breitscheidplatz*, von dem die Hauptstraßen BERLINS – unter ihnen auch der *Kurfürstendamm* selbst – ausgehen. Er wird beherrscht von der *Kaiser-Wilhelm-Gedächtniskirche*, die nach dem Krieg zum Symbol der Stadt wurde. *Schloß Charlottenburg*, im 18. Jahrhundert erbaut, bietet ein barockes Panorama, und die *Marienkirche* und *Nikolaikirche* rufen die Erinnerung an das Mittelalter wach. Die *Museumsinsel*, eine kleine Stadt für sich, beherbergt einige der berühmtesten Museen der Welt.

Nicht wenige Besucher kommen hierher, um an den historischen Schauplätzen zu wandeln, die sie aus der Lektüre eines Romans oder von einem berühmten Gemälde her kennen, und werden – nach den Kunstwerken – ein zweites Mal, diesmal von der Wirklichkeit dieser Stadt, verzaubert. Diese wird durch einen Gürtel von Seen, Flußläufen und grünen Wäldern umarmt. Dazwischen typische Restaurationen, wo man eine »Weiße mit Schuß« trinken kann, und die herrlichen Schlösser der *Preußen* – mit dem Höhepunkt *Sanssouci* bei POTSDAM. Die Hauptstadt des neuen Bundeslandes BRANDENBURG war einst auch die erste Stadt der Preußenkönige, mit deren Namen und Wirken bekannte Attribute des Deutschtums verbunden sind – wie Disziplin, Ordnung und Arbeitsfreude – aber auch Untertanentum und politisches Großmannsdenken.

Das Land BRANDENBURG ist seen- und waldreich, es dominiert die Kiefer. Noch immer kursiert in diesem Zusammenhang das Wort von der »Streusandbüchse des Reiches«. *Theodor Fontane*, ein großer deutscher Dichter des vergangenen Jahrhunderts, hat in seinen Büchern dieser nur auf den ersten Blick monoton-melancholischen Landschaft ein bleibendes literarisches Denkmal gesetzt. Wer sich die Zeit nimmt, von der Autobahn abzubiegen, wird einige zauberhafte, ja unvergleichliche Kleinlandschaften entdecken: So die NEURUPPINER SCHWEIZ, die Seen, Flüsse und Kanäle, Schlösser wie das herrliche RHEINSBERG, und den SPREEWALD. Hier enden alle Wege, und unter uralten Bäumen erstreckt sich das zauberische Reich der Flußläufe, wo seit fernen Zeiten ein kleines, slawisches Volk, die *Sorben*, siedelt...

IN THÜRINGEN UND HESSEN

Was muß das für ein Bild gewesen sein, als *Goethe* 1775 im auffallenden blau-gelben Wertherkostüm in WEIMAR einzog und die braven Bürgersleute kräftig schockierte; als er im darauffolgenden Winter mit dem *Herzog Carl August* auf den überschwemmten und zugefrorenen Ilmwiesen bis in die Nacht hinein und bei Fackelschein Schlittschuh lief!

Fast wäre der ungestüme Stürmer und Dränger in Gefahr geraten, den Bogen zu überspannen und WEIMAR zu

Abendstimmung über dem Deutschen Eck in Koblenz, wo die Mosel in den Rhein fließt.

verlassen. Daß es nicht dazu kam, verhinderte schließlich die *Frau von Stein,* indem sie sich als Fürsorgende und Liebende des jüngeren Mannes annahm. So blieb *Goethe* in WEIMAR, wurde dort einer der höchsten Staatsbeamten und einer der größten Dichter. Durch ihn und mit ihm wurde WEIMAR zur Hauptstadt der deutschen Klassik.

Über EISENACH thront die *Wartburg,* der Inbegriff deutscher Burgenromantik und Nationaldenkmal zugleich. In ihren Mauern residierten einst die thüringischen Landgrafen, fand der legendäre mittelalterliche Sängerkrieg statt, lebte und wirkte die *heilige Elisabeth.* Und als *Junker Jörg* vor seinen Verfolgern getarnt, übersetzte hier *Martin Luther* die Bibel aus dem Griechischen und begründete damit zugleich die moderne deutsche Sprache und Literatur. Drunten, in der Stadt, erblickte *Johann Sebastian Bach* das Licht der Welt…

Von allen deutschen Landschaften durfte THÜRINGEN den traurigen Ruhm für sich beanspruchen, am meisten zerstückelt zu sein, die größte Zahl an winzigen Kleinstaaten zu besitzen. Aber in diesen Miniaturen von Residenzstädten gab es auch Erstaunliches an Kunst und Kultur. Gewissermaßen reziprok zu ihrer politischen, glänzten nicht wenige mit geistig-kultureller Größe. Die *Meininger Theatertruppe* zählte in der zweiten Hälfte des 19. Jahrhunderts zu den berühmtesten Ensembles, die es gab; *Schloß Friedenstein* in GOTHA reiht sich nicht nur äußerlich in die Reihe der großen deutschen Schloßanlagen ein, sondern auch durch seine Kunstsammlungen; die *Jenenser Universität* und ihre Professoren schrieben europäische Wissenschaftsgeschichte…

Es ist mehr als eine Ironie der Geschichte, daß die heutige Landeshauptstadt ERFURT 1920, als das Land THÜRINGEN wiedergegründet wurde, nicht dazugehörte (sie blieb eine preußische Exklave). Die Kommune erwarb sich frühen Ruhm als *Blumenstadt* sowie als Handels- und Messeplatz. Ihre *Universität* zählt zu den ältesten in DEUTSCHLAND. Außerordentlich malerisch ist die *Altstadt,* die zu den besterhaltenen in MITTELDEUTSCHLAND gehört. Höhepunkte sind das einmalige Kirchenensemble von *Dom* und *Severikirche* und die bebaute *Krämerbrücke.*

Wem es eher nach Wandern zumute ist, dem sei der *Rennsteig* empfohlen – jener vielbesungene alte Kammweg über den THÜRINGER WALD. Von dort aus fällt es leicht, jene These zu bestätigen, daß THÜRINGEN das »Grüne Herz Deutschlands« sei.

Zur Landgrafenzeit gehörten THÜRINGEN und HESSEN noch zusammen. Dies ist längst Vergangenheit, wenngleich die traditionelle Verbundenheit nach wie vor stark ist. Auch HESSEN ist ein Land, das jetzt wieder in der Mitte DEUTSCHLANDS liegt. Seine landschaftliche Vielfalt mit Mittelgebirgen und romantischen, den berühmten

<u>Oben</u> *Berlin: Neben den Ruinen der Gedächtniskirche zwei Bauwerke in Glas und Zement, 1961 von E. Eiermann errichtet.*
<u>Unten</u> *Der riesige Komplex des sogenannten Roten Rathauses in Berlin, erbaut 1861, ist mit 36 Terrakotta-Reliefs geschmückt, die die Geschichte der Stadt darstellen.*

Wein tragenden Flußtälern haben es zu einem beliebten Urlaubsziel gemacht.

FRANKFURT, die Metropole, spielt in DEUTSCH-LAND als Stadt der Wirtschaft und der Banken eine überragende Rolle. Ihr internationaler Rang als Messeplatz ist unbestritten.

Der Ursprung dieser dynamischen Stadt reicht zurück bis auf das Jahr 794, als dort eine Kaiserpfalz *Karls des Großen* bestand. Im Mittelalter vollzog sich ein rascher wirtschaftlicher Aufschwung. 1330 wurde FRANKFURT das Recht verliehen, alljährlich die »Fastenmesse« abzuhalten, die für Jahrhunderte als die wichtigste in EUROPA galt. Als die Stadt 1866 an das *Königreich Preußen* angeschlossen wurde, erlebte das unternehmerische FRANKFURT dank der Bankgeschäfte der berühmten Familie *Rothschild* einen bemerkenswerten wirtschaftlichen Aufschwung.

VON SCHWÄBISCHER TRADITION UND GEMÜTLICHKEIT

Das Herzogtum SCHWABEN erstreckte sich von den Weinbergen bei ASPERG, nördlich von STUTTGART, bis zu den Alpenpässen, die heute zur SCHWEIZ gehören. Die Wappen der schwäbischen Adelshäuser (wie der *Hohenstaufen* und der *Hohenzollern*) erschienen häufig neben denen der Kaiser. *Barbarossa (Friedrich I.)* und *Friedrich II.* gehörten ebenso zu der erlauchten Familie der *Staufer* wie *Konradin*, mit dessen Tod die Dynastie erlosch.

SCHWABEN, das gut zwei Jahrhunderte lang das Herz des *Heiligen Römischen Reiches* und auch ganz DEUTSCH-LANDS gewesen war, wurde in verschiedene Besitzungen und Herrschaften aufgeteilt und verlor damit jeglichen politischen Einfluß. Fürsten und Ritter, Klöster und Abteien bemächtigten sich des Landes. Dieser Prozeß der politischen Zersplitterung war zumindest in kultureller Hinsicht vorteilhaft. Jeder weltliche oder geistliche Landesherr suchte seine Stellung auszubauen. Aus diesem Grund trifft man auf geographisch verhältnismäßig beschränktem Raum so viele Schlösser und Klöster von hohem künstlerischem Wert, die zu den schönsten Leistungen des deutschen Barocks gehören.

Das Schloß von SIGMARINGEN (in herrlicher Lage über der DONAU), die großartigen Klöster von ROG-GENBURG, OTTOBEUREN und WEINGARTEN (mit dem größten barocken Kuppelbau nördlich der Alpen) sind nur einige der vielen bedeutenden Bauwerke SCHWA-BENS.

Im Süden der SCHWÄBISCHEN ALB fließt die DO-NAU, die im SCHWARZWALD entsprungen ist. Der Fluß hat sich auf seinem Lauf ein wunderschönes Tal ge-

<u>Oben</u> *Der Reichstag mit seiner gewaltigen Säulenvorhalle war früher der Sitz des Parlaments; bis vor kurzem diente er für Ausstellungen und Veranstaltungen und soll nun wieder den Bundestag beherbergen.*

<u>Unten</u> *Die Siegessäule ist den Schlachten Deutschlands unter den Hohenzollern gewidmet; im Hintergrund erkennt man den Fernsehturm, der das Panorama von Berlin überragt.*

bahnt, das von Felsen und mittelalterlichen Städtchen gerahmt wird. Hier lebt immer noch der echte Geist SCHWABENS, des alten Kriegsvolks der *Sueben.* Die Identität dieses Stammes drückt sich bis heute im Gebrauch eines bestimmten Dialekts aus, der sich vom Alemannischen herleitet.

Es ist nicht immer leicht, die schwäbischen Wurzeln aufzuspüren, seitdem sich diese Region dem Fortschritt und der Technik geöffnet hat und die Ansiedlung von Industrie und Dienstleistungsbetrieben fördert. Gerade in diesem Land arbeiten und arbeiteten Erfinder und Industrielle von hohem Ruf, unter ihnen Männer wie *Robert Bosch* und *Gottlieb Daimler,* der Ende des letzten Jahrhunderts den ersten funktionierenden Benzinmotor erfand und damit die deutsche Automobilindustrie ins Leben rief. Trotz dieser Vorreiterrolle bei der Industrialisierung hat SCHWABEN den romantischen Zauber seiner reizvollen historischen Stadtbilder und seiner Landschaften bewahren können.

Das bauliche Erscheinungsbild vieler Städte bezeugt Tradition und Kontinuität – so etwa in TÜBINGEN, wo sich entzückende Fachwerkhäuser im NECKAR spiegeln. In diesen Gebäuden des Studentenviertels wohnten einst berühmte Mieter: *Kepler, Hegel, Schelling, Hölderlin, H. Hesse.* TÜBINGEN hat nicht nur sein herrliches spätmittelalterliches Bild unverändert erhalten können, sondern auch seinen Ruf: Es zählt nach wie vor zu den bedeutendsten deutschen Universitätsstädten.

Reich verzierte Portale und Fenster, Festungen und mittelalterliche Türme bilden die beeindruckende alte Struktur von Städten wie ULM, RAVENSBURG und NÖRDLINGEN, wo das Leben immer noch seinen Gang geht wie im 19. Jahrhundert. So ist es kein Zufall, daß eine bekannte Reiseroute, die durch diese Städte führt, den Namen »Romantische Straße« erhalten hat.

Das rötliche Meer der Dächer wird von Kirchtürmen der Renaissance und eindrucksvollen Zwiebeltürmen beherrscht: So sieht der Himmel über AUGSBURG aus; die Stadt ist reich an repräsentativen Fassaden, in denen sich die wichtige politische Rolle ausdrückt, die sie besonders in der Epoche *Karls V.* und der mächtigen Bankiersfamilie der *Fugger* spielte.

Zur Zeit der Fastnacht herrscht fröhliche Ausgelassenheit in den schwäbischen Städten und Dörfern. Die Reigen der Hexen und die typischen Züge der Narren mit ihren hölzernen Masken und den traditionellen bunten Kostümen der Gegend füllen die Straßen. Wenn man in den närrischen Tagen, die dem Aschermittwoch vorausgehen, hier durchreist, darf man sich nicht wundern, neben den normalen Verkehrsschildern auch solche mit der Warnung »Vorsicht, Narren!« zu finden.

Der Großraum STUTTGART ist heute der wirtschaftliche Schwerpunkt des Bundeslandes BADEN-WÜRT-

<u>Oben</u> *Die neue Nationalgalerie in Berlin zeigt bildende Kunst des 19. und 20. Jahrhunderts.*
<u>Unten</u> *Die Glyptothek in München beherbergt eine herrliche Sammlung klassischer Plastiken, die die bayerischen Könige zusammengetragen haben.*

TEMBERG und eine der Regionen mit der höchsten industriellen Dichte in ganz DEUTSCHLAND. Trotz des modernen Gepräges scheint das städtebauliche Gleichgewicht zwischen dem Gestern und Heute nicht gestört worden zu sein. Der mittelalterliche Eindruck ist unversehrt erhalten geblieben und ebenso das reizvolle und romantische Bild, welches das 18. Jahrundert hinterlassen hat – zum Beispiel bei den zwei sehenswerten Schlössern in STUTTGART und LUDWIGSBURG.

Der historische Kern STUTTGARTS erstreckt sich auf einem schmalen Hang, der sich zum NECKAR hin öffnet. Der *Schloßplatz,* der geräumige Hauptplatz der Stadt, der mit Gärten und Baumgruppen geschmückt ist, bietet einen nüchternen klassizistischen Anblick, der gut zum Stil der Bauwerke und Villen paßt, die sich um ihn verteilen. Eine eher malerische Atmosphäre herrscht dagegen auf dem *Schillerplatz.* Von 1915 bis heute hat sich die Stadt über die umliegenden waldigen Hügel ausgedehnt und sich dabei zahlreiche Vororte mit Wiesen und Weinbergen einverleibt. Dadurch ist der heutige städtische Großraum entstanden, der den Anblick einer blühenden Gartenstadt bietet.

ZUM SCHLUSS (aber nicht zuletzt)
EIN WENIG BAYERN

Mittelalterliche Stille und Würde beherrschen NÜRNBERGS Altstadt, der ganze Stolz dieser Kommune spricht aus der herrlichen gotischen *Lorenzkirche.* An der sogenannten *Museumsbrücke* kann man einen der schönsten Winkel der Stadt bewundern, der von einer sanften Schlinge der PEGNITZ umrahmt wird; man blickt zum *Heiliggeistspital,* dem alten Krankenhaus, das von einem Schwarm Möwen umkreist wird.

Den benachbarten *Hauptmarkt* schmückt der *Schöne Brunnen,* der reich mit Skulpturen verziert ist und einer gotischen Turmspitze gleicht. An den warmen Sommerabenden findet man in den Straßen von NÜRNBERG reges Leben, die Menschen verweilen an den Tischen der Gasthäuser, plaudern und schlürfen das würzige Bier, das hier gebraut wird und dunkel wie Kaffee ist.

Das wahre Sinnbild der Stadt ist die *Kaiserburg.* Bei Sonnenschein gewinnt sie ganz besonderen Reiz, wenn sie sich über das vielfältige Gewirr der roten Ziegeldächer und der Fachwerkfassaden der Altstadt, über die Lichter und Schatten der Kirchtürme hinaushebt.

Wenn man sich in besonders altdeutscher Atmosphäre bewegen will, muß man den Weg nach BAMBERG einschlagen. Dort wandert man durch enge Gassen, die von den einfachen, bunt bemalten Häusern der Fischer und Handwerker flankiert werden, ins historische Zentrum, wo majestätisch der *Dom* und die *Neue Residenz* des Erzbischofs aufragen.

Weckt dagegen der typische deutsche Wald unsere

Oben *Blick in Goethes ehemaliges Wohnhaus (heute Museum) am Weimarer Frauenplan.*
Unten *Das Pergamonmuseum in Berlin zeigt eine der weltweit berühmtesten Sammlungen alter Kulturen.*

Neugier, müssen wir uns ins Mittelgebirge und in die dichten Forste östlich von BAYREUTH wenden. Das FICHTELGEBIRGE, Ursprung zahlreicher Fabeln und Sagen, wo man altehrwürdige Bäume von bizarrer Gestalt findet, erscheint in unseren Augen wie eine entlegene Märchenwelt.

Nirgends kommt man dem Märchen (nicht als Flucht aus der Realität, sondern als poetische Deutung der Natur und ihrer Kräfte) näher als in den bayerischen Schlössern; erst hier begreift man den romantischen Hang der *Deutschen* zum Phantastisch-Genialen. Die Schlösser, die König *Ludwig II.* von Bayern hat bauen lassen, üben einen unwiderstehlichen Zauber aus. Als Beispiel für sie alle kann *Neuschwanstein* gelten, mit seinen makellosen Türmen und türkisblauen Dächern. Alles, was ein Phantast, den die Macht des Märchens in seinen Bann schlägt, nur träumen kann – hier ist es verwirklicht. Vielleicht waltet an diesen Orten wirklich ein Zauber, der jeden, der hierher kommt, alle Wirklichkeit und alle Geschichte vergessen läßt. Die Welt erscheint hier wie aus einem langen Schlaf erwacht und liegt da in einer Atmosphäre, in der alles möglich ist und selbst der Himmel und die Wälder leuchtender scheinen als anderswo.

Das Bild MÜNCHENS verbindet sich wie von selbst mit dem beruhigenden Gefühl, daß man hier gleich zu Hause ist. Man wird warm und mit aufrichtiger Freundlichkeit empfangen, und die Stimmung ist frei und offen – für das Vergnügen ebenso wie für Kunst und Kultur. Weniger in der Zahl und Bedeutung der Baudenkmäler, umso mehr aber an Umfang und Wert ihrer Museen und Sammlungen und der Vielzahl kultureller Darbietungen und Musikfesten übertrifft die Stadt alle anderen. Die Kultur hat ihren Mittelpunkt in der berühmten *Universität* und in den *Kunst- und Musikakademien.*

Der unaufhörliche Rhythmus einer Weltstadt hat MÜNCHEN nicht jenes heitere und lebhafte Aussehen nehmen können, das sich im Wechsel der Jahreszeiten mit ihren jeweiligen Volksfesten ständig wandelt. Gerade diese traditionsreichen Feste haben MÜNCHENS Weltruf mitbegründet. Sie dauern mehrere Tage und gehen in riesige Gelage über, wo Berge von Fleisch und Würsten zusammen mit Hektolitern von Bier genossen werden.

Die zwei wichtigsten und sehenswertesten Feste sind das *Oktoberfest* und der *Fasching.* Das *Oktoberfest* dauert fünfzehn Tage, von Ende September bis Anfang Oktober. Es wurde 1810 anläßlich einer fürstlichen Hochzeit ins Leben gerufen und nur ein paarmal, zu Kriegszeiten, ausgesetzt. Es findet auf der *Theresienwiese* statt.

Bei schönem Wetter scheinen von MÜNCHEN aus die ALPEN (und dahinter die Verheißung des Südens) ganz nahe...

Umbrandet von den kühlen Wellen der Nordsee, ist die Insel Sylt ein ideales Ziel für jeden, der wilde und unverfälschte Natur sucht.
S. 36/37 *Eine Kutsche, eine schmiedeeiserne Laterne, die zarten Linien eines Gebäudes aus dem 19. Jahrhundert – das genügt, um eine romantische Atmosphäre zu erschaffen. Das Bild zeigt jene Straße, die zum märchenhaften Schloß Neuschwanstein führt.*

MYTHISCHE RÄUME UND GESCHICHTLICHE ERINNERUNGEN

Zu den meistbewunderten Baudenkmälern Süddeutschlands gehören zweifellos die Schlösser Ludwigs II. von Bayern: Die Sommerresidenz Linderhof bei Oberammergau, Schloß Herrenchiemsee, errichtet auf einer Insel des gleichnamigen Sees nach dem Vorbild von Versailles, Schloß Neuschwanstein bei Füssen. Das Königsschloß Hohenschwangau erlebte seine erste Blütezeit im 12. Jahrhundert als Mittelpunkt des Minnesangs. Die Ritter von Schwangau starben im 16. Jahrhundert aus, und das Schloß verfiel – bis es im Jahr 1832 von Maximilian II. (damals noch Kronprinz), dem Vater Ludwigs II., erworben wurde.

Oben Das prachtvolle Schloß Herrenchiemsee bietet eine reichgeschmückte Fassade und Räume von phantastischer Architektur.
Unten Schloß Hohenschwangau wurde 1833—37 nach dem Willen Maximilians II. von Bayern in neugotischem Stil errichtet.
Rechts Das prächtige Schloß Linderhof, 1870—74 von König Ludwig II. erbaut, weist Stilelemente der Renaissance neben typisch barocken Formen auf.

S. 38/39 Eine der berühmtesten Burgen der deutschen Geschichte ist die Wartburg bei Eisenach. In ihren Mauern entwickelte sich ein bedeutendes Zentrum mittelalterlicher Kultur.

Auf seinen Ritten begab sich Ludwig II. häufig an einen besonders märchenhaften Ort, nicht weit von dem alten Schloß Hohenschwangau entfernt. Auf einer Anhöhe namens Schwanstein befanden sich die Trümmer einer Burg. Reste von Mauern waren noch erkennbar. Die Arbeiten, die der König 1868 anord-

nete, zogen sich über siebzehn Jahre hin und zeitigten das wundervolle Schloß Neuschwanstein. Hier verbrachte der König die letzten Tage seines widerspruchsvollen Lebens. Die Innenräume des Schlosses sind – überwiegend mit Eichenholz – kostbar ausgestattet. Die Gemälde stellen Legenden und mythische Themen dar, die von Richard Wagner angeregt wurden. Die Lampen ebenso wie alle Arten von Metallbeschlägen, die Vorhänge und die Gobelins sind mit anmutigen Schwänen geschmückt und bezeugen durch ihre Form und Fülle den künstlerischen Geschmack des romantischen Herrschers.

»Strahlend und im Sonnenlicht stand sie vor mir, die göttliche Burg, als ich, in meinen Wagen steigend, Abschied von ihr nahm.«

H. Hansjakob

43

Im Umkreis der Bayerischen Alpen

In den Ortschaften der Bayerischen Alpen herrscht eine heitere Lust am Dekorativen; die Fassaden, besonders jene der älteren Häuser, sind mit Fresken verziert. Diese zeigen Blumen- und andere Ornamente oder Bilder, welche die Frömmigkeit und Andacht der Bevölkerung durch die Jahrhunderte bezeugen.

Oben Garmisch-Partenkirchen, wo 1936 die Olympischen Winterspiele stattfanden, ist der berühmteste Wintersportort Deutschlands und einer der bedeutendsten der Welt.
Unten Stuck- und Skulpturenschmuck, Ornamente aus Messing und Schmiedeeisen bereichern die Fassaden selbst der nüchternsten Häuser in Bayern.
S. 46/47 Das kühle Wasser der Alpenseen und -flüsse wählen sich oft Schwäne zu ihrem ständigen Aufenthalt. Das Foto zeigt eine heitere Winterlandschaft bei Füssen.

»Erinnerung an Wintertage in Berchtesgaden ist
strahlende Sonne, blitzende Luft, funkelnde Berge
im Kreis; ein Trank von blauem Feuer in einem
Pokal von Eis.«

Hugo von Hofmannsthal

Eine Fahrt durch die Bayerischen
Alpen ist vor allem etwas für Lieb-
haber des Gebirges. Wenn man die
berühmte Deutsche Alpenstraße in
ihrer ganzen Länge bereist, berührt
man auch die herrliche Strecke vom
Tegernsee nach Berchtesgaden. Ungeheure Bergrücken und Gipfel, die
sich kühn in den Himmel schwin-
gen, enge Täler und tiefe Schluchten
mit schäumenden Wildbächen, end-

lose Wälder und Spiegel von kristall-
klarem Wasser: das macht den ein-
maligen Reiz der Alpenlandschaft
aus. Die malerischen Dörfer werden
besonders im Winter durch die vielen Skifahrer belebt, die hier – vor
allem im Zentralmassiv – hervor-
ragende Lifte finden.

*Inmitten eines Wolkenmeeres erheben
sich die waldigen Hänge und fanta-
stisch verwitterten Felswände des
Watzmann-Massivs.*
<u>Rechts</u> *Den majestätischen Bergzug
des Wettersteingebirges krönen die
Gipfel der Alpspitze, des Waxensteins
und der Zugspitze.*

48

Der Wald, der 28,7 Prozent des Staatsgebietes einnimmt, ist ein wichtiger Bestandteil der deutschen Landschaft. Das Nordseegebiet wird von Laubwald und Heide beherrscht – typische Pflanzen sind hier Stechpalme und Heidekraut –, während Mittel- und Süddeutschland von herrlichen Buchen-, Fichten- und Tannenwäldern bedeckt sind. Rehe, Gemsen, Wildschweine, Murmeltiere und Hirsche gehören zur deutschen Tierwelt, die durch strenge Schutzmaßnahmen erhalten wird.

Die Entdeckung einer Märchenwelt

Die Romantische Straße ist der berühmteste touristische Reiseweg Deutschlands. Die Landschaft zeigt immer neue Reize: Zunächst gehen niedrige Hügel in die ausgedehnte Ebene des Lechfelds über, dann belebt sich die Landschaft, die Höhenzüge werden ausgeprägter und tragen Kiefern- und Eichenwälder. Schließlich führt die Straße ins schmale Taubertal mit seinen berühmten Weinbergen. Die Städte Augsburg, Dinkelsbühl, Rothenburg und Würzburg hüten Kunstschätze des Mittelalters, schmücken sich aber teilweise auch mit prächtigen Barockbauten.

Der Bodensee bietet äußerst reizvolle Ausblicke. Mit der wunderbaren Natur verbindet sich Menschenwerk, das niemals aufdringlich wirkt: eine schlichte Architektur, die sich ins Grün der Landschaft bettet, wie hier das alte Schloß Meersburg.

S. 52/53 Die Winter sind lang und oft schneereich; aus der makellosen Schneedecke heben sich überraschend Städte, Straßen und Feldwege hervor und malen surrealistische Muster ins Gelände.

Von Füssen über Augsburg und Ro-
thenburg nach Würzburg führt die
Romantische Straße. Sie trägt diesen
Namen wegen der verträumten
Schönheit der Ortschaften und der
märchenhaften Bauwerke. Das Bild
zeigt einen besonders malerischen
Winkel in Dinkelsbühl.

S. 56/57 Dinkelsbühl, ein ent-
zückendes mittelalterliches Städtchen,
wird von einem alten Mauerring mit
nahezu unversehrten Türmen um-
schlossen. Balkone und Fenster tragen
bunten Geranienschmuck.

Das Rheintal

Einer der landschaftlich reizvollsten und geschichtsträchtigsten Reisewege Europas führt durch das Tal des Rheins – durch Gegenden von unvergleichlicher Schönheit und vorbei an Denkmälern der deutschen Geschichte. Die Strecke zwischen Mainz und Koblenz ist mit mehr als sechshundert Burgen bestückt, mit heiteren Weinbergen und alten Städtchen, welche durch den Weinbau geprägt wurden. Höhepunkt der Reise ist die Einmündung der Mosel mit dem prachtvollen Deutschen Eck. Nach Bonn zu wird die Landschaft gleichförmiger, der Strom scheint sich hier schon auf die Nordsee vorzubereiten.

Links *Märchen und Wirklichkeit verschmelzen im Rheintal zu einem zauberhaften Bild; auf einer kleinen Insel bei Kaub, mitten im Fluß, steht die Burg Pfalzgrafenstein, 1327 von Kaiser Ludwig dem Bayern erbaut.*
Oben *Auf der langen Reise den Rhein hinab begegnet man einem Wunder nach dem anderen; smaragdgrüne Weinberge wechseln ab mit den Mauern und Zinnen der Burgen und Klöster.*
Unten *Das Winzerstädtchen Bacharach bietet sich dem Auge als malerischer Flecken dar, in dem sich die typischen Fachwerkhäuser um den Marktplatz und die alte Pfarrkirche gruppieren.*

Die Stille der Felder

Dank einer intensiven und überwiegend mechanisierten Landwirtschaft kann Deutschland seinen Nahrungsbedarf zum größten Teil selbst decken; die Erträge liegen sehr hoch. Besonders Getreide, Kartoffeln und Zuckerrüben werden angebaut. Örtliche Bedeutung hat der Weinbau, der vor allem am Rhein, an der Mosel, am Main und in der Pfalz betrieben wird. Einen erheblichen Beitrag zum deutschen Agrarsektor leistet die Forstwirtschaft mit einem beachtlichen Holzeinschlag. Das fla-

*Die von Wäldern bedeckten Hänge
des Schwarzwaldes umgeben stille
Dörfer, wo das Maß der Zeit immer
noch vom Wechsel der Jahreszeiten
und der Arbeit auf den Feldern
bestimmt wird.*

che Land bietet malerische Bilder, in denen der Zauber bäuerlicher Tradition auf alten Höfen von unverwechselbarer Bauart weiterlebt.

»Mehr und mehr sanken die Worte in uns selbst zurück, und als die erste Waldfinsternis über uns zusammenschlug, verstummten wir ganz.«

Albrecht Goes

Die Farben des Frühherbstes tauchen die Landschaft in Gold, das Pflügen der Äcker geht dem Winter voraus.

Zeugnisse alter Kultur

Oben *Die Porta Nigra in Trier wurde in der zweiten Hälfte des 4. Jahrhunderts errichtet; 1041 wurde darüber eine Kirche erbaut, die dem syrischen Mönch Simeon geweiht war. Auf Befehl Napoleons wurde diese Kirche abgetragen und das bedeutende Baudenkmal in seiner alten Pracht wiederhergestellt.*

Unten *Herbstliche Farbnuancen harmonieren mit dem rosafarbenen Ton von Schloß Mespelbrunn, das sich still im Wasser eines Weihers spiegelt.*

Rechts *Der Dom von Worms ist eines der wichtigsten Baudenkmäler der Romanik in Deutschland, ein Hauptwerk rheinischer Architektur. Charakteristisch sind die zwei Apsiden, die von zylindrischen Türmen gerahmt werden.*

Unter dem Nordwind

*Unter der Vielzahl fürstlicher Burgen
und Schlösser, die sich in allen deutschen Bundesländern finden, gehören
die von Schwerin und Rheinsberg zu
den reizvollsten. Die baulichen Strukturen und der natürliche Rahmen, der
sie umgibt, schaffen einen harmoni-
schen Einklang mit den Linien und
Spiegelungen der Wasserflächen.*

»Der junge Fritz dichtet und flötet, philosophiert
und tanzt das Menuett...«

*Theodor Heuss über die Rheinsberger Zeit
des damaligen Kronprinzen
und späteren preußischen Königs
(Friedrich der Große)*

Schleswig-Holstein, das nördlichste deutsche Bundesland, nimmt den Südteil der Halbinsel Jütland ein und liegt zwischen dänischer Grenze, Mecklenburg und Niedersachsen. Das Bild der Westküste bestimmen Torfflächen und Moore, während die Ostküste, die von der Ostsee bespült wird, fruchtbares Bauernland ist — endlos scheinbar und nur durch Seenflächen unterbrochen. Von zahlreichen Häfen an der Nordsee gibt es Fährverbindungen zu den wilden Nordfriesischen Inseln, Überbleibsel einer alten Küste, die in Sturmfluten untergegangen ist. Das Landschaftsbild dieser Inseln ist etwas völlig Einmaliges; hinter Sand- und Kiesstränden dehnen sich Weiden und Äcker.

Bizarre Kompositionen beleben die Landschaft des Nordens: Wie auf einem naiven Gemälde überragt dieser Leuchtturm ein leuchtendes Sonnenblumenfeld auf der Insel Fehmarn.
<u>Rechts</u> *Verstreut in der schleswig-holsteinischen Landschaft stehen malerische Windmühlen, von denen einige recht alt sind, wie diese hier in Farve, die 1828 errichtet wurde.*

»Denken Sie sich einen kolossalen steinernen Würfel,
notdürftig mit Erde bedeckt...«

Friedrich Hebbel über Helgoland

*Das Licht des Sonnenuntergangs ver-
leiht der kleinen Insel Helgoland, die
70 Kilometer vor der Mündung der
Elbe in der Nordsee liegt, den An-
schein des Geheimnisvollen.*

Die Insel Helgoland bietet eine mannigfaltige und abwechslungsreiche Landschaft; hinter den Klippen, die vom scharfen Seewind gezeichnet sind, liegt das besiedelte Zentrum, das sich in ein Ober- und Unterland gliedert, während im nördlichen Teil Landwirtschaft betrieben wird.

Der Himmel über den Friesischen Inseln

Der Himmel über den Ländern des Nordens besitzt eine einzigartige und unbeschreibliche Schönheit. Unaufhörlich verändern sich die Wolken im Spiel der Winde; Schäfchenwolken jagen sich heiter über schimmernden Wasserflächen, wo Indigo, Azur und Grau in tausend Farbtönen ineinander übergehen.

Auch Deutschland kennt den Reiz dieser Himmel. An ihren Rändern zeichnen sich Kirchtürme und die spitzen Dächer der Häuser ab. Dort, auf den Inseln hoch im Norden, wo es kaum noch Städte gibt, erreicht die Schönheit der deutschen Landschaft einen scheinbar unwirklichen Höhepunkt.

DER CHARME EINES ZÄHEN VOLKES

München ist eine freundliche und angenehme Stadt. Die breiten und belebten Straßen, der großzügige Stil der Bauwerke, die Gärten und die kleinen Bierwirtschaften verbreiten ein Gefühl von Sympathie und Wohlbehagen. Aber noch mehr ver-

körpert München die Tafelfreuden und die Gemütlichkeit, die so typisch für Bayern ist. Eine gute Maß Bier zu trinken, gleicht hier einem Ritual, und die Bierkeller, die Tag und Nacht geöffnet haben, sind eine einzigartige Begegnungsstätte, um

Spaß zu haben oder auch einfach nur, um sich zu unterhalten. Um zu verstehen, wie tief verwurzelt diese Bräuche sind, sei erinnert, daß das Hofbräuhaus, die berühmteste Wirtschaft Münchens, die alljährlich Millionen von Besuchern anzieht, auf das Jahr 1589 zurückgeht.

Oben Das Oktoberfest ist eine Gelegenheit, die man sich nicht entgehen lassen sollte, wenn man die unverwechselbare Atmosphäre eines der beliebtesten Volksfeste der Welt erleben möchte. Frohsinn und Rausch herrschen vierzehn Tage lang, und in den bunten Zelten kann man Gäste aus aller Herren Länder treffen.
Unten Blasmusik gehört zur Atmosphäre des Hofbräuhauses. Der Abend verläuft gemütlich bis tief in die Nacht hinein, begleitet von Liedern und reichlichen Trinkgenüssen. Die Stammgäste, die ihren persönlichen Maßkrug haben, der eigens für sie verwahrt wird, sitzen neben Touristen und Besuchern aus aller Welt.
Rechts Die Umzüge, die jedes Jahr im Rahmen des Oktoberfestes veranstaltet werden, verwandeln das Stadtbild, und begeistert machen die Münchner mit. Die Theresienwiese ist voller Buden und Fahrgeschäfte sowie Bierzelte.

Eine Stadt des Kapitals

Der Finanzmarkt (und auch alle anderen Bereiche der deutschen Wirtschaft) konzentrieren sich an der Frankfurter Börse, dem Brennpunkt deutschen Wirtschaftslebens und internationaler Geldgeschäfte. Neben der Wall Street, Mailand, London und Tokyo stellt Frankfurt den wichtigsten Geldmarkt der sieben großen Industrienationen dar. Die hohe Konzentration von Geschäften, die an der Frankfurter Börse abgewickelt werden, steht in Beziehung zu der dynamischen Entwicklung der Industrie- und Handelsfirmen, der Aktiengesellschaften und der öffentlichen Banken in ganz Deutschland. Typische Züge der modernen Börsenaktivitäten finden sich schon in den Wechselgeschäften, die im Mittelalter abgewickelt wurden: Kaufleute und Reisende der freien deutschen Reichsstädte unterhielten mittels der Frankfurter Messe Handelskontakte zu Holland, Flandern und Nordeuropa.

Die Frankfurter Börse gehört zu den weltweit wichtigsten Orten des internationalen Finanzmarkts.
Rechts Frankfurts Rolle als dynamische Hauptstadt des Handels und der Finanzen drückt sich vor allem im kühnen und zukunftsweisenden Stil seiner Gebäude aus. Das Hochhaus der Dresdner Bank, mit seiner Architektur aus Glas und Stahl, ist dafür ein typisches Beispiel.

Handwerk und Industrie im Spiegel der Zeiten

Das deutsche Handwerk bietet eine breite Palette künstlerischer Erzeugnisse. Einlegearbeiten, Glasmalerei, Stickereien und die berühmte Porzellanerzeugung bilden ein reiches Erbe deutscher Tradition.
<u>Rechts</u> *Deutschland ist vor allem ein Industriestaat; eine wichtige Energiequelle stellen die Bodenschätze dar, so die Steinkohlelager an Ruhr und Saar.*

Faszinierendes Strandleben

Der Ostfriesische Archipel besteht aus sieben kleinen Inseln, die sich in einem Bogen in geringer Entfernung von der Küste hinziehen. Sie sind flach und sandig, und über sie fegen die starken Winde der Nordsee hin-weg, die das Gesicht der Inseln ständig verändern. Sie besitzen lange Strände, die im Norden ins offene Meer ragen, im Süden gen jene Meerenge, die sie vom Festland trennt. Der neuzeitliche Badebe-

»Keine Möwe war jetzt zu sehen,
nicht mal die Wächter waren in der Luft.«

Siegfried Lenz

trieb, der immer noch weiterwächst, hat die Fischerei ersetzt. Die Bevölkerung hält zäh an ihrer Mundart fest (die dem Angelsächsischen ähnelt) und an ihrer calvinistischen Religion.

Die Ahlbecker Seebrücke ist ein historisches Bauwerk von großer Anziehungskraft. Das Erscheinungsbild des Strandes prägen die typischen Strandkörbe, die es erlauben, am Meer zu bleiben, ohne sich dem Wind auszusetzen.

Volkstümliche Bräuche und Lebensfreude

Mit Maskenumzügen wird im Rheinland und in Baden-Württemberg in ausgelassener Stimmung der Karneval gefeiert. Einmal im Jahr bietet diese Zeit den Deutschen Gelegenheit, ihrer Phantasie freien Lauf zu lassen. Die vierzehn Tage, die der Karneval dauert, bedeuten zweifellos eine Wiederbelebung jener Märchen- und Fabelbilder aus dem Erbe der deutschen Kultur. Ein

wahres Heer von Hexen, Feen, Kobolden und Gnomen sucht in Stadt und Land die Straßen heim; die Masken sind teils durch übermenschliche Wesen inspiriert, teils werden sie von der Verehrung der Natur und ihren unsichtbaren Kräften bestimmt.

Oben *Auf dem malerischen Marktplatz von Urach in Baden-Württemberg feiert man in typischer Tracht Fastnacht.*
Links *Der Kölner Karneval ist der berühmteste in Deutschland; auf dem Alten Markt findet der Umzug zur Weiberfastnacht statt.*

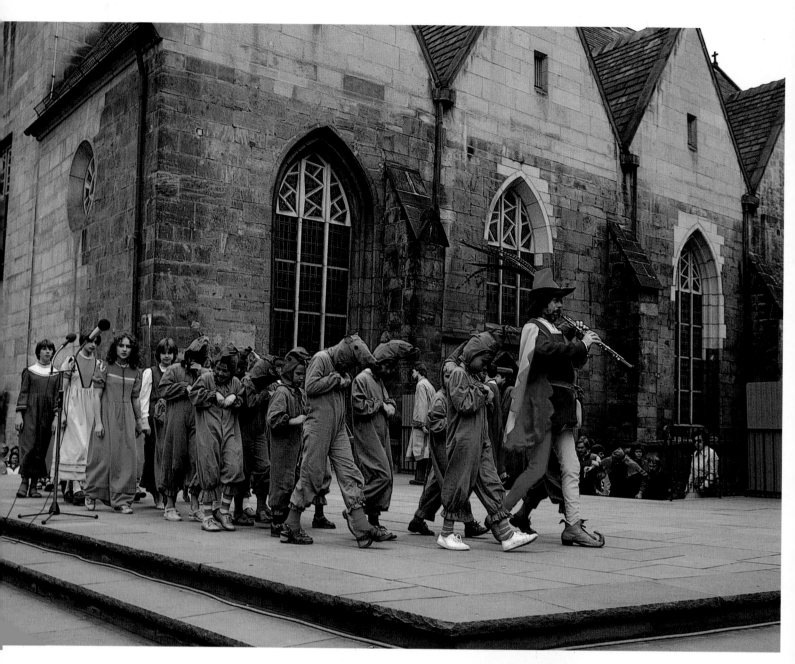

Oben *Das schöne Städtchen Hameln in Niedersachsen ist berühmt durch eine ganz besondere Sage: Es ist die Geschichte vom Rattenfänger. Zu seinem Gedenken wird jedes Jahr ein bizarrer Umzug abgehalten.*
Unten *Vom 15. bis 24. Juli begeht die Stadt Dinkelsbühl ihr eigenes Fest, die »Kinderzeche«, mit historischen Umzügen, fröhlichen Volkstänzen und Paraden.*
Rechts *Frauen in Dirndln vor dem Hintergrund der malerischen Kleinstadt Bad Tölz.*

Ein typischer Ausdruck des volks-
tümlichen Handwerks ist auch
die Kleidung. Die Trachten weisen
häufig leuchtende Farben auf, die
Frauen tragen scharlachrote Röcke,
verschönert noch durch reich gear-
beitete Blusen und Spitzentaschentü-
cher. Die Hauben und Hüte gehören zu den jeweiligen Trachten und
unterscheiden sich von einer Gegend zur anderen. Sie sind aus verschiedenen Stoffen im Küstengebiet,
weiß in der Pfalz, schwarz in West-
falen und goldfarben in den südli-

chen Gebieten. Die traditionelle
Männertracht besteht aus Samt, mit
reichen Spitzenborten an den Jak-
ken, und schließt auch die typischen
Kappen ein (mit oder ohne Feder).
Solche Kleidung wird in der Regel
nur bei besonderen Gelegenheiten,
wie zum Beispiel historischen oder
kirchlichen Festen, getragen.

»Trachten sind Visiten-
karten von Menschen und
Landschaften; wenn sie verschwinden, fällt es schwer,
sich zurechtzufinden...«

M. Wähler

Ein ehemaliges Zwergfürstentum

Das Bückeburger Schloß, ein Juwel der Renaissancearchitektur, ist eines der sehenswertesten Baudenkmäler jener Kommune, die bis 1918 Hauptstadt des winzigen Fürstentums Schaumburg-Lippe war. In den reich ausgestatteten Sälen des fürstlichen Schlosses werden häufig Bankette und elegante Bälle veranstaltet. Das prunkvolle Interieur, geschmückt mit antiken Spiegeln und Möbeln, präsentiert sich als glänzende Kulisse für schwungvolle Feste und schafft eine heitere Atmosphäre. Zu festlichen Anlässen legen die Bückeburger eine komplizierte Tracht an, die durch große Kappen (der Frauen) – in dunkler Farbe, wie es die westfälische Tradition erfordert – auffällt.

SYNTHESE VON VERGANGEN-
HEIT UND ZUKUNFT

Die deutschen Städte bieten oft ein gelungenes Beispiel für die harmonische Verschmelzung eines alten städtischen Kerns (fast immer mittelalterlichen Ursprungs) mit späteren Bauten – was ihnen im Laufe der Jahrhunderte zu einem immer moderneren und dynamischeren Aussehen verholfen hat. Das Herz dieser Kommunen bleibt der Markt. Er war und ist Schauplatz der wichtigsten geschichtlichen und öffentlichen Ereignisse. Häufig ist der strenge mittelalterliche Rahmen noch unversehrt erhalten, beherrscht von Rathaus und Münster. Daneben die anderen Gebäude und der eigentliche mittelalterliche Kern der Stadt. Barocke und rein klassizistische Viertel liegen neben Parks des 19. Jahrhunderts und den experimentellen Bauten der Moderne. An die großen Industriekomplexe wiederum schließen sich die Vorortsiedlungen an.

Oben Kiel, der wichtigste deutsche Ostseehafen, an der herrlichen Förde gelegen, ist das Zentrum der deutschen Werftindustrie. Die enge Verbindung der Einwohner mit dem Meer kommt besonders im Juni zum Ausdruck, wenn die Stadt zum Schauplatz einer großen Regatta wird.
Unten Die vom Schnee umrissenen Konturen verdeutlichen die kompakte, beeindruckende Anlage der Würzburger Residenz, die im 18. Jahrhundert von Balthasar Neumann entworfen wurde.
Rechts Die volkstümliche Statue des Roland steht mitten auf dem Hauptplatz von Bremen. Der als Symbol der städtischen Freiheiten geltende Ritter hält das Schwert der Gerechtigkeit und den Schild mit dem kaiserlichen Adler in Händen.

Das wiedervereinigte Berlin

Unten Der stadtplanerische Entwurf, nach dem Berlin nach dem Krieg wiederaufgebaut wurde, stützte sich auf die Erfahrung und die Arbeit einiger der avanciertesten zeitgenössischen Architekten. So hat die Stadt ein glänzendes und kosmopolitisches Aussehen erhalten. Die Bilder zeigen Ausschnitte des modernen Berlin: Glas, Stahl, Beton und Granit sind die vorherrschenden Materialien im neuen Stadtbild.

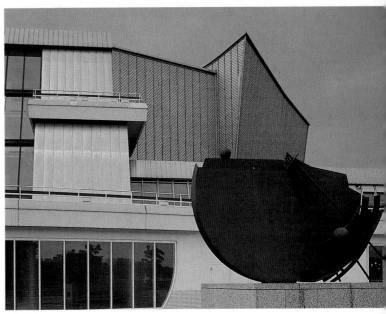

<u>Links</u> *Diese Brücke verbindet einen
der bekanntesten Plätze im Osten Berlins mit der Straße Unter den Linden.
Die Konstruktion, ein Werk von
Schinkel, ist mit acht allegorischen
Figuren geschmückt.*
<u>Oben und unten</u> *Die Berliner Phil-
harmonie ist eines der traditions-
reichsten Symphonieorchester von
internationalem Rang.*
*S. 92/93 Das triumphale Branden-
burger Tor, das Wahrzeichen der
Stadt, ist ein großartiger Säulenbau in
klassizistischem Stil (26 Meter hoch
und 62 Meter lang, errichtet 1788—91
von C. G. Langhans).*

»Ich bin ein Berliner!«

John F. Kennedy

Der Breitscheidplatz ist die Drehscheibe des Berliner Verkehrs, beherrscht von der Kaiser-Wilhelm-Gedächtniskirche. Der Stumpf dieser neugotischen Kirche bildet zusammen mit dem sechseckigen Gebäude, das Eiermann in den 60er Jahren entwarf, ein ungewöhnliches architektonisches Ensemble.

Schloß Charlottenburg ist das größte und berühmteste im Berliner Raum. Es wurde 1695 als königlicher Landsitz nach Plänen von Arnold Nering begonnen. Jenseits des Schlosses dehnt sich der Park aus, an dem französische und englische Landschaftsgärtner gearbeitet haben. Hier stehen der Neue Pavillon und das Belvedere, ein verspieltes Teehaus, das Langhans 1788 errichtete.

»Wahr ist's, Deutschland hat nur eine Stadt, die den Namen einer großen gleich auf den ersten Blick erobert, und diese eine Stadt ist Berlin.«

Friedrich Hebbel

Potsdam – eine Barockstadt nach Plänen von Friedrich dem Großen

Die Stadt Potsdam kann sich einer Reihe berühmter Schlösser rühmen; teils dem Spätbarock verpflichtet, teils dem Klassizismus, darunter das Neue Palais, das Marmor-Palais und Schloß Charlottenhof. Vom 17. Jahrhundert an war es ständige Residenz der preußischen Könige. Während dieser glorreichen Epoche erfreute es sich besonders der Zuneigung Friedrichs des Großen. Auf diesen weitsichtigen Herrscher geht auch Schloß Sanssouci mit seiner raffinierten Rokokoausstattung zurück, das sich inmitten eines prachtvollen hundertjährigen Parks erhebt. Geschichtliche Bedeutung gewann die Stadt vor allem durch die Potsdamer Konferenz, als sich dort Ende des Zweiten Weltkrieges Stalin, Attlee und Truman begegneten.

Oben und Mitte *Barocke Friese und Skulpturen bereichern die Fassade von Sanssouci.*
Unten *Dieser phantasievolle Rokoko-Pavillon steht inmitten des großartigen Parkes von Sanssouci.*
Rechts *Der Stil des 18. Jahrhunderts prägt in Vollendung die fürstlichen Räume im Neuen Palais.*
S. 97 *Goldener Glanz liegt auf den Kapitellen und Ornamenten dieser Laube...*

Frankfurts altes Herz

Frankfurt tritt erstmals 794 als Sitz einer Pfalz Karls des Großen in die Geschichte. Nach 814 wurde es zur Lieblingsresidenz der karolingischen Herrscher. Seit 1152 sah es die Königswahl und von 1562 bis zum Ende des 18. Jahrhunderts auch die Kaiserkrönung. Der wirtschaftliche Aufstieg begann 1212, als sich

Frankfurt zur freien Reichsstadt erklärte. Die Anlage der Stadt spiegelt Frankfurts wirtschaftliche Bedeutung und seine Geschichte. Der Römerberg war schon immer das Herz der Stadt; hier fanden die Krönungsfeierlichkeiten und auch die Messen statt.

Der »Römer«, das berühmte Rathaus von Frankfurt, stammt in seinen Ursprüngen aus dem 14. Jh. und wurde später zu einem großen, unregelmäßigen Gebäudekomplex erweitert.

Unten Mit kühnen senkrechten Strukturen strebt der Turm des Doms, eines der ältesten Frankfurter Baudenkmäler, gen Himmel.
Rechts Der alte Waffenplatz ist heute das belebte Geschäftszentrum im Kern der »City«. Hier steht die Hauptwache (Polizeihauptquartier seit 1730), geschmückt mit einem Dreiecksgiebel, der das Stadtwappen zeigt.
S. 100/101 Der Brunnen der Gerechtigkeit aus dem 17. Jahrhundert thront in der Mitte des Römerbergs.

Das Historische Museum in Frankfurt zeigt auch in Modellen, Schaubildern und Fotografien die Zerstörung, die die Stadt im Zweiten Weltkrieg erlitten hat.

*Für die Dächer dieser Häuser aus dem
19. Jahrhundert sind Mansarden und
Gaubenfenster charakteristisch.*

»In Frankfurt ist alles tätig und lebhaft . . .«

J. W. v. Goethe

Oben *Die Statue Schillers hebt sich
eindrucksvoll vom Glashintergrund
der Hochhäuser ab.*
Unten *Die Zeil, eine der Haupt-
schlagadern Frankfurts, führt vom
Ring der alten Befestigungsanlagen in
die Stadt hinein und durchquert dabei
das wichtigste Geschäftsviertel.*
Rechts *Der majestätische Giebel
des Frankfurter Opernhauses neben
moderner Architektur: Sinnbild für
Frankfurts dynamische Urbanität.*

Der Zauber Hamburgs

*Die alten Viertel Hamburgs haben
das echte, ursprüngliche Gesicht einer
nordischen Stadt bewahrt.*
Rechts *Das Becken der Binnen-
alster, im Zentrum von Hamburg.*
S. 108/109 *Der Hamburger Hafen
ist einer der weltweit bedeutendsten.*

München – Bayerns Metropole

Herz und Mittelpunkt der Stadt und Schauplatz der wichtigsten geschichtlichen Ereignisse ist der Marienplatz, einer der reizvollsten Winkel Münchens. Seine gesamte Nordseite nimmt das Neue Rathaus ein, ein neugotisches Bauwerk vom Ende des letzten Jahrhunderts. Seine Hauptattraktion stellt das Glockenspiel mit den Figurationen des Schefflertanzes dar (das größte in Deutschland). Das andere Wahrzeichen der Stadt ist die Frauenkirche (Dom), die von zwei unverwechselbaren Turmhelmen bekrönt wird.

Oben *Zwei Münchner
Details, die jeder erkennt:
die goldene Statue der
Jungfrau Maria und, im
Hintergrund, der Scheff-
lertanz.*
Unten *Die imposante
Fassade der Staatsoper.*
Rechts und Mitte *Die
Residenz war Schloß und
Wohnsitz der Herzöge von
Bayern. Der Thronsaal ist
ein glänzendes Beispiel für
die ornamentale Malerei
und die Stukkatur des
18. Jahrhunderts.*

Stuttgart – eine Stadt diskreter Eleganz

Das Alte Schloß, eine Renaissanceanlage, wurde von Albertin Tretsch Ende des 16. Jahrhunderts erbaut. Zum Palast gehören auch ein prächtiger Hof und eine bedeutsame Kapelle; *in einem der Flügel ist heute das Württembergische Landesmuseum untergebracht. Ein großer heiterer Park mit Springbrunnen umschließt ihn.*

Die Stadt Stuttgart liefert eines der gelungensten Beispiele planvoller Stadtentwicklung und architektonisch großzügiger Anlage. Ein bewundernswerter städtebaulicher Entwurf, der die Umgebung und die verschiedenen älteren Gebäude mit einbezog, läßt den Glanz der klassizistischen Baukomplexe neu erstrahlen. Umrahmt von einem grünen Hintergrund, haben sich zahlreiche barocke und Renaissancebauwerke über die Zerstörungen des Weltkrieges hinübergerettet. Auch moderne Viertel, die neuerrichtete Wohngebiete und Geschäftszentren beherbergen, fügen sich nahtlos ein.

Inmitten eines üppigen Parks befindet sich das Nationaltheater, ein strenger Bau in klassizistischem Stil. In Stuttgart gibt es übrigens überall solche Grünflächen.

Kleinode an Elbe
und Neckar

<u>Links</u> *Die spätbarocke Anlage des
Zwingers widerspiegelt den Glanz
ihrer Zeit.*
<u>Rechts</u> *Der eindrucksvolle Bau von
Schloß Moritzburg ist ein Stück außer-
halb Dresdens gelegen.*
<u>Unten</u> *Der alte Marktplatz, vom
Rathausturm aus gesehen, ist das
eigentliche Herz der Stadt.*
<u>S. 118/119</u> *Über dem wundervollen
Panorama Heidelbergs ragt auf
einem Hügel das berühmte Schloß
empor.*

Schönheit in Stein

<u>Oben</u> *Das Freiburger Münster ist einer der bedeutendsten gotischen Bauten Deutschlands. Über das Kirchenschiff aus rotem Kalkstein steigt ein eindrucksvoller Turm empor.*
<u>Mitte</u> *Elegante Friese umkränzen das Leibniz-Haus in Hannover, einer norddeutschen Stadt mit reicher Geschichte und vielen Museen und Galerien.*
<u>Unten</u> *Die zauberhafte Barockstadt Würzburg in Unterfranken liegt zwischen lieblichen Weinbergen an beiden Ufern des Mains. Ihre Glanzzeit fiel ins 17. und 18. Jahrhundert, als die Fürstbischöfe der Familie Schönborn die Künste förderten. Aus dieser Zeit stammen die Bauwerke Balthasar Neumanns und die Fresken Tiepolos.*
<u>Rechts</u> *Farbenfrohe Marktbuden vor dem Bonner Rathaus.*

Unter einem Himmel voller Türme

<u>Links</u> *Das Erscheinungsbild Lübecks prägen zahlreiche Kirchtürme, unter denen sich besonders die der Marien- und der Peterskirche auszeichnen.*
<u>Oben</u> *Auf dem Nürnberger Marktplatz steht der berühmte Schöne Brunnen. Das Foto zeigt außerdem das Rathaus der Stadt.*
<u>Rechts</u> *Seit 1556 schlägt diese Uhr am Alten Rathaus in Leipzig die Stunde.*

Düsseldorf bei Sonnenuntergang. Die Hauptstadt des Bundeslandes Nordrhein-Westfalen ist heute, dank entschlossenem Wiederaufbau, eine moderne Stadt voller Charme.

S. 126/127 *Die Innenstadt von Köln. Das Bild bietet einen Querschnitt durch die Zeiten: Das Reiterstandbild Kaiser Wilhelms II. und die Metallstrukturen eines modernen Gebäudes rahmen die gotischen Turmhelme des weltberühmten Doms.*

Die Deutsche Bibliothek - CIP-Einheitsaufnahme

Reise durch Deutschland / Luisa Tschabushnig ; Patrizia
Balocco. [Übers.: Maria Gardellin]. – Würzburg : Stürtz, 1993
Einheitssacht.: Grandangolo Germania ‹dt.›
ISBN 3-8003-0427-9
NE: Tschabushnig, Luisa; Balocco, Patrizia; Gardellin, Maria
[Übers.]; EST

Überarbeitete Neuauflage 1998
© 1998, 1993 Stürtz Verlag, Würzburg
© der Originalausgabe:
1993 Edizioni White Star, Vercelli
Übersetzung: Maria Gardellin
Gestaltung: Patrizia Balocco
Schutzumschlag: Helmut Selle
Alle Rechte vorbehalten
ISBN 3-8003-0427-9

BILDNACHWEIS

Marcello Bertinetti/Archiv White Star: Hinterer Umschlag, S. 1,
4-5, 12-13, 14-15, 36-37, 40 (unten), 43, 44, 45, 46-47, 49, 52-53, 56,
57, 74, 75, 91 (oben), 96, 97, 98, 99, 100-101, 102, 103, 105, 112
(oben). – Giulio Veggi/Archiv White Star: S. 2-3, 30, 31, 32
(oben), 33 (unten), 90, 91 (unten), 94, 95, 128. – Antonio Attini/
Archiv White Star: S. 10-11, 32 (unten), 72 (unten), 112 (unten),
113. – M. W./Apa Photo Agency: S. 118-119. – N. Bahnsen/
Zefa: S. 82 (oben). – Reiner Behnke: S. 68. – Rino Bianchi/Shot
Photo: S. 26 (unten). – Josip Ciganovic/Shot Photo: S. 22 (unten), 41. – Dallas & John Eaton/Apa Photo Agency: S. 7, 19 (unten), 40 (oben), 59, 110, 111, 112 (Mitte). – Damm/Zefa: S. 28-29,
48, 63, 73, 116, 126-127. – D. Davies/Zefa: S. 62 (oben). – Joel
Ducange/Figaro Magazine/Grazia Neri: S. 60, 61. – Rob.
Everts/Zefa: S. 22 (oben). – Alain Evrard/Apa Photo Agency:
S. 106 (links). – Klaus D. Francke/Bilderberg/Grazia Neri: S. 86,
87. – Ralf Freyer: S. 22 (Mitte), 26 (oben). – Cesare Gerolimetto:
S. 6. – Michael Hilgert/Apa Photo Agency: S. 27 (oben), 54, 55,
56-57, 66, 67. – Huber/Zefa: S. 83. – Kalt/Zefa: S. 72 (oben). –
Kiedrowski/Zefa: S. 76. – Kohlas/Zefa: S. 108-109, 114. – Wolf-
gang Korall: S. 79. – Maximilian Kuthe: S. 70, 71, 120 (Mitte). –
Karl Jung/Zefa: S. 121. – Gerard Ludwig/Woodfin Camp &
Associates/Grazia Neri: S. 19 (oben). – Hans Mades/Bilderberg/
Grazia Neri: S. 117. – Paul Mahrt: S. 64, 65, 69, 89. – Dilip
Mehta/Contact Press Images/Grazia Neri: S. 78. – W. H. Muel-
ler/Zefa: S. 115. – Oster/Zefa: S. 88 (oben). – J. Pfaff/Zefa:
S. 80. – Thomas Pflaum/Visum/Grazia Neri: S. 77. – Luciano
Ramires: S. 50-51. – G. P. Reichell/Apa Photo Agency: S. 106
(rechts). – Rosenfeld/Zefa: S. 81. – Rossenbach/Zefa: S. 122. –
J. Schliemann/Zefa: S. 34-35. – Gregor Maria Schmid: S. 23, 122
(rechts). – Schroeter/Zefa: S. 16-17. – Lorenzo Sechi/SIE: S. 27
(unten). – Starfoto/Zefa: S. 8-9, 58. – Wolfgang Steche/Visum/
Grazia Neri: S. 84, 85. – E. Streichan/Zefa: Einband, S. 10-11, 92-
93, 120 (unten), 124-125. – Walter Thierfelder: S. 18, 24-25, 38-39,
62 (unten), 88 (unten), 123. – Adina Tony/Apa Photo Agency:
S. 20-21, 82 (unten), 106-107, 120 (oben). – Weir/Zefa: S. 42.